海上絲綢之路稀見文獻叢刊

清朝探事
新潟新繁昌記
琉客譚記

（清）朱佩章 口述
〔日〕荻生北溪 〔日〕深見有鄰 編著
（清）王治本 編著
〔琉球〕鄭章觀 〔琉球〕蔡邦錦 口述
〔日〕赤崎楨幹 編著

文物出版社

圖書在版編目（CIP）數據

清朝探事 新瀉新繁昌記 琉客譚記 ：漢、日 /（日）荻生北溪，（清）王治本，（日）赤崎楨幹編著. -- 北京 ：文物出版社，2020.8
（海上絲綢之路稀見文獻叢刊）
ISBN 978-7-5010-6519-6

Ⅰ. ①清… Ⅱ. ①荻… ②王… ③赤… Ⅲ. ①中國歷史－清代－漢、日 Ⅳ. ① K249

中國版本圖書館 CIP 數據核字（2020）第 013000 號

海上絲綢之路稀見文獻叢刊：清朝探事 新瀉新繁昌記 琉客譚記

編　　著：〔日〕荻生北溪 （清）王治本 〔日〕赤崎楨幹

策　　劃：北京博悦閣貿易有限公司
責任編輯：劉永海
封面設計：書心瞬意
責任印製：梁秋卉

出版發行：文物出版社
社　　址：北京市東直門内北小街 2 號樓
郵　　編：100007
網　　址：http://www.wenwu.com
郵　　箱：web@wenwu.com
經　　銷：新華書店
印　　刷：北京雍藝和文印刷有限公司
開　　本：787mm×1092mm　1/16
印　　張：13.25
版　　次：2020 年 8 月第 1 版
印　　次：2020 年 8 月第 1 次印刷
書　　號：ISBN 978-7-5010-6519-6
定　　價：680.00 圓

出版説明

日本江户時代（一六〇三——一八六七），德川幕府嚴禁本國國民出海貿易，完全依靠外來商船的海外貿易被限定在長崎一地，貿易對象爲中國、東南亞主要國家和地區，以及荷蘭等個别西方國家。故此，長崎變成了當時日本瞭解世界的『視聴』，有關人士在此積極收集海外情報，瞭解世界動向。

作爲自古以來就與日本文化、政治、經濟聯繫最爲密切的國家之一，中國的動態一直是日本關注與瞭解的重點。江户時代中期，德川幕府八代將軍德川吉宗命儒學者荻生北溪、深見有鄰完成了一份特殊的問答記録。當時，投身過清朝軍隊的福建人朱佩章乘船到長崎進行貿易活動，荻生北溪在將軍的授意下，將當時幕府内有關清朝的一系列疑問彙集整理後，傳達給身在長崎的深見有鄰，由他向朱佩章提出問詢。之後，荻生、深見二人將朱佩章之回答翻譯成日文呈送德川吉宗審視，遂形成了這本關於清朝政治、地理、歷史、風俗等内容的史料——《清朝探事》。

《清朝探事》在當時又名《大清朝野問答》《清人問答書》《享保筆語》。其記録者荻生北溪是江户時代的儒學者，著名古文辭學創立者荻生徂徠的胞弟。他精通漢語，曾主持研究并翻譯了康熙版《大清會典》。另一位記録者是深見有鄰，他的曾祖父爲明朝移民，深見後來還被任命爲德川幕府的圖書館紅葉山文庫的負責人。他也對《大清會典》的研究與翻譯做出了重要貢獻。《清朝探事》的完成，在很大程度上對荻生、深見二人在康熙版《大清會典》裏有關滿語的内容分析有所裨益。

《清朝探事》是江户時代最爲流行的有關清朝知識的問答書，全書分上下兩卷，設置了二百餘條問題。通過這些問答記録，德川幕府獲取了有關清朝的地理軍事情報，以及處於統治階層的滿族在文化、政治等方面的發展狀況。目前，國内外對本書的研究成果相對較少，哥倫比亞大學東亞暨歷史學系博士候選人孔令偉關注到《清朝探事》中關於滿族官職詞源、詞義的考訂。楠木賢道在《江户時代享保年間日本有關清朝及滿語研究》一文中更是對書中涉及的二十二條滿語詞匯問題進行了細緻的文本分析。高薇在論文《論十八世紀日本的中國觀——以〈清朝探事〉〈清俗紀聞〉爲中心》中强調，《清朝探事》的編著，顯示出德川幕府對近世中國局勢變動的熱切關注。就目前的研究現狀來看，《清朝探事》還有諸多可挖掘開拓的研究方向和領域。爲此我們特選取日本江户抄《清朝探事》爲底本，影印收録於本書，期以有裨益於學林。

在中日兩國的文化交流過程中，除了日本官方通過各種途徑主動對有關中國的社會風俗、禮儀文化進行瞭解記録之外，兩國的民間交流也十分頻繁。尤其是明治維新時期，日本徹底走出閉關鎖國的藩籬，迅速進行了近代化改革，逐漸躋身於世界强國之列。這大大吸引了鋭意進取的中國文人與進步青年到日本學習先進經驗，相對也促進了中日民間的文化交流。這期間産生了一系列中國民間文人針對日本的社會發展面貌所著録的書籍。《新潟新繁昌記》就是這一時期的代表作品。

『新潟』位於日本本州的中西部，瀕臨日本海。『繁昌記』是明治初期日本敘事文學發展過程中短暫流行起來的一種文體。據孫虎堂《三木愛花和他的才子佳人小説》一文可知，『繁昌記』的創作在明治初期的十幾年間是一種潮流風尚。據此，這本《新瀉新繁昌記》可看作一種具有雜録性質的筆記文集。

該書作者是清末東渡日本的文人王治本（一八三五—一九〇八），他字維能，號泰園，浙江慈溪人，精詩通文，工書善畫。早年科舉失敗後，他在杭州當私塾先生，後因生計所困，選擇遠渡日本謀生。王治本旅日三十年間，行跡踏遍本州、四國、九州、北海道，與日本各地的文人、貴族都有交遊唱和，還曾擔任過中國駐日公使館首任翻譯，在中日文化交流中起到過重要的橋樑作用。

據程寅的碩士學位論文《王治本研究》可知，王治本旅行到新瀉的時間是一八八三年，《新瀉新繁昌記》也就是他旅居日本時，在新瀉一地的見聞筆記。書中對新瀉的地理、風俗、宗教、水利、街市、學校等内容均有記述，體現了開眼看世界後，近代中國文人對日本的認識與理解。目前，研究者們對於王治本的研究大多從他人的記敘展開，對王治本留下的作品内容本身却著墨甚少。爲此我們特選取日本明治抄《新瀉新繁昌記》爲底本，影印收録於本書，以備研究之需。

在中日海上交流史中，琉球王國無疑是不可忽略的存在。早在明代洪武年間，琉球就正式成爲中國的藩屬國，此後定期來華朝貢。到一六〇九年薩琉之役後，戰敗的琉球王國不得不在薩摩藩的要求下，開始向日本的德川幕府派遣使節。也就是説，當時作爲中國的朝貢國琉球與日本之間也開始建立起了所謂的朝貢體制。

據許樱睿在《琉球王國朝貢江户的研究》一文中提到，琉球派往江户的使節分爲謝恩使與慶賀使兩種。謝恩使是琉球歷任新王繼位時，爲感謝幕府對國王繼位的認可所派遣的使節；慶賀使則是幕府將軍襲職時琉球方表示祝賀之意的使節。一七九六年，琉球王國第八次派遣謝恩使前往江户，此次出行是對新任國王尚温王就封向幕府表示感謝，使團正使由尚温王叔父尚恪擔任。使團人員寓居江户期間，幕府官員注意到，尚恪的下屬中有兩個名叫鄭章觀、蔡邦錦的琉球本土人士，他們不僅精通漢語還曾親自去過清朝，對清帝國的風土人情有所瞭解。故此，幕府文臣赤崎楨幹受命將二人口述的在華所覽勝景、所見官方的禮儀規矩詳細記述并翻譯成一卷文集，取名《琉客譚記》。

《琉客譚記》是十八世紀末日人記載的琉球使者所談關於清朝的見聞録。目前，學界對《琉客譚記》的關注與研究十分罕有，爲此我們特選取日本江户抄《琉客譚記》爲底本，影印收録於本書，以冀爲研究者提供一份珍稀的文獻資料。

綜上可知，從十七到十九世紀，無論是日本當局積極從多種途徑瞭解中國，還是中國先進的知識份子學習日本的近代化經驗，中日兩國的交流未曾斷絶，且朝向一個更加全面的方向發展。而以《清朝探事》《新瀉新繁昌記》和《琉客譚記》爲代表的相關文獻，則爲那一時期的政治、經濟、文化交流鐫刻出當時的歷史原貌。

目録

清朝探事

清朝探事

（清）朱佩章　口述　〔日〕荻生北溪　〔日〕深見有鄰　編著

據日本江户抄本影印

清朝探事

徂徠男荻生惣七右衛門[illegible]

清朝探事

雍正帝、政務、平日之行儀、遊猟行幸、嗜好之品、

雍正帝ハ、康熙帝第四子也、康熙ノ王子、四十四人アリ、第一ノ王子ヲ東宮ニ立ラレシニ、其人残暴昏乱也、故ニ廃メ、其後東宮ノ沙汰ナシ、康熙六十一年、俄ニ當今嗣位ス遺詔有テ崩ス、先帝ハ仁厚温恭ニメ数十年ノ間天下静謐也、當今ハ聰明睿智ニメ、遠近ニ通セストヱフ事ナシ、即位ノ日、臣民ノ心未穏ナラスメ、連枝ノ内、阿其郡、塞思里、凡襯、又大臣ノ内、隆科多年羹尭、鄂倫岱、阿爾松等、皆叛逆罔欺ノ陰謀有シヲ以テ、是ヲ殺戮シ、屢威權ヲ示サル、又貪官汚吏ノ人民ヲ若ムル事群察シ、嚴刑ヲ行フ、其比天下ノ諸人或ハ恐レ或ハ恨ム、此三五年以来、仁政ヲ行ヒ刑罪ヲ薄フ

太子居東宮
故太子曰東宮

塞ハ境也
思里ハ村里也

隆科疑椛
号乎

輩。

シ、忠言ヲ納レ、思恤ヲ施サル、故ニ官吏自ラ廉潔ニメ、天下
太平也、當今日夜萬機ノ政ニ心力ヲ盡メ、一切遊興ノ事ヲ
好マス、出御布也、畋獵モ定期有テ、四月、九月、十二月此三
度ニ過ス、或ハ口外盛京ニ行有ト雖モ、数日ニハ過ス、能人
職ヲ
才ヲ選ヒ、勇士ヲ愛シ、其器ニ應メ授ラルル中ニモ恵政ト
称スルハ、近年諸省、舊欠ノ銭糧ヲ、蠲免有事、千万両
ニ及ヘリ、又江南浙江ノ浮糧、毎年額賦銀、六十万両ニ減
免セラル、若シ諸所旱防ノ災傷有時ハ、或ハ貺ヲ緩徵
シ、或ハ官銀ヲ発メ、其地方ヲ賑恤シ、常ニ下民ノ情ヲ
明察メ、仁慈ノ政事也、

姓氏称号諱字等ヲ賜フ事有ヤ

漢高祖、婁敬ニ姓劉ヲ賜フ、唐懿宗、朱邪志ニ姓李、

刱
創
年号
国

名國昌ヲ賜フ、同僑宗朱温ニ名ハ金忠ヲ賜フ、皆賞功ニ依テ也、當代滿州家ニハ、本ヨリ姓氏ナシ、但シ極品ノ大臣卒去ノ時、謚ヲ賜フ例有、雍正二年、雲南省曲靖府ノ知府、雷知章布政使ニ昇進有テ、帝都ニ陛見ノ時、名ハ豐ヲ賜ヒシヿアリ、

后妃并諸王ノ妣、后妃ノ出タル家ハ世祿ナリヤ否ヤ

當代ノ后妃ハ、皆滿州諸家、或ハ在京大臣ノ女ヲ捧テ婚儀ス、諸王ノ妃モ多ク滿州大臣ノ女也、后妃ノ出タル家、本ヨリ職有ル人ニハ封ヲ加ヘラル、但滿州家ノ大臣ハ世襲ノ人多シ、皆官祿有リ、當今ハ私親ヲ以テ、制ヲ越シ賜フ等ノヿハナシ、

王子封爵、王子ハ祿ヲ与ヘラルヽヤ、王女ハ靻子ヘ嫁セ

〜ミルヽヤ漢人ニモ嫁セラルヽヤ祿ヲ与ヘラルヽヤ

凡皇旗ニ九等ノ封爵アリ。第一和碩親王、第二多羅郡王、第三多羅貝勒、第四固山貝子、第五鎮国公、第六輔国公、第七鎮国将軍、第八輔國将軍、第九奉国将軍也。又皇旗女子ニモ封爵アリ。但シ中宮ノ生ミ玉ヘル女ヲ、国倫公主ト称シ、庶妃ノ女ヲ和碩公主ト云。親王ノ女ヲ郡主ト云。郡王ノ女ヲ縣主ト称シ、貝勒ノ女ヲ郡君ト称シ、貝子ノ女ヲ縣君ト云。鎮国輔國公ノ女ヲ、郷君ト称ス。其次下ハ封爵ナシ。公主等、満州蒙古諸王家ニ嫁セラル。未タ漢人ニ嫁セラレシヿナシ。俸祿ハ皆其封爵ノ高下ニ随テ多少アリ。和碩親王銀一萬両、（日本ノ百貫目）米五千石、（日本ノ二千九百石程）以下三等。奉國将軍銀百六十両、（一貫六百目）米八十石、（四十七石）与フル也。國倫公主銀四百両、（四貫目）米二百石、（百七十石）以下郷君銀百三十両、一貫百目米六十五石八斗与ヘラル各不同也又公主ノ嫁セラレシ家附馬ト称シテ侯王ノ位ニ當ル皆其公主郡主ノ爵ニ随テ俸禄ヲ与ヘラル

他国攻撃唐国ヨリ有来ル地ヲ治メラル、ヤ他國ヲ撃従ヘ土地ヲ廣メラル、様子ハナキヤ

明ノ代ハ南北二京ヲ直隷トシ十三省ヲ治メラル遼東ハ清朝開創ノ地ナルヲ以テ一統ノ後チ推シ尊テ盛京ト称シ北京ト並ヘ称シテ直隷トス南京ヲ改メ江南省トシ是ヨリ十四省ト成其ノ後チ西北口外蒙古韃靼ノ諸部落悉ク皈附メ中華ノ板籍ニ入ル又康熙二年臺湾ヲ征伐アリ、克塽シヤウ（所両反国姓爺鄭成功孫）遂ニ降参セリ是ヨリ福建省ニ隷メ一府二縣ヲ開設テ中華板籍ニ入又先帝ノ

時ニ回藏ノ地征伐ノヿ有、近年他國功撃ノ沙汰ナシ、

開墾新田畠ヲ專ラ開墾有ヤ

諸所主無キ荒地ハ官兵或ハ流民ニ分給ス、主有地ニハ官所ヨリ牛種ヲ助ケ与テ開墾ヲ勧ラル、但シ墾荒ノ爲招キ集ル民多ク、又墾地ノ頃数多少ニ随テ其地方官ニ記禄加級ノ議叙アリ、當今即位以来、官禄ヲ発メ大ニ民ヲ招キ、北京山西陝西等ノ荒地、数万頃ヲ勧墾アリ、近年其地皆成熟ノ田地トナル、

宰相其外諸官人ノ内勝レタル器量ノ人アリヤ

當代宰相ノ内、保和殿大学士兼戸部尚書馬齊、文華殿大学士兼吏部尚書朱軾、保和殿大学士兼翰林院掌院張廷玉、文華殿大学士兼戸部尚書蒋、

廷錫又外省ノ浙江總督李衛河南總督田文鏡陝西總督岳鍾琪是等ハ皆才能勝レテ厚ク朝廷ノ眷顧蒙リ天下ニ益アル人ニテ其名尤著明ナリ

何ノ省肝要ノ所ナルヤ韃靼ノ防何レノ所肝要ナルヤ總督ハ尤モ重職成故智勇兼ニ文武備リタル人ヲ陞進アル何ノ省ノ總督モ英傑ノ人才ヲ撰レスト云ヿナシ又秦始皇ノ築ケル長城西ハ陝西ノ臨洮ヨリ起テ東ハ北京ノ山海關ニ至ル凡万餘里（日本ノ千七百里程）是西北韃靼ヲ防ク要害也其長城ノ内隤隧スル処有時ハ其所関塞ヲ設ケ官兵ヲ備フ日本ノ防キ何処肝要成ヤ山東江南浙江福建沿海ノ地島岐所々備和臺アリ哨堡ヲ構ヘ砲臺ヲ築キ官兵ヲ備フ

北京ヨリ諸省エ巡見ノ役人ヲ出サルヽヤ

明代ニハ諸省ニ巡見ノ役人ヲ出サレシ丁有清朝一統ノ始ニモ人ヲ出シ其地駐劄ノ文武官員ノ吟味有シ也然𪜈先帝當今ニ至テハ明敏万里ノ外ニ通徹セラル諸省末々ノ丁隠ルヽ丁無故近年其事ナシ

隠密監察ノ様ナル丁アリヤ

北京ヨリ諸省所々ニ密ニ探聽ノ人ヲ遣シ置其人他ニ知レサルヲ要トス或ハ商人賤夫ナトノ躰ニヤツシ往來セリ官所ニテ大臣ノ議問ニ民間小事ヲモ詳ニ聞知セシ事ノ裁判アル丁マヽアルナリ

諸省所ノ風儀ニヨリテ仕置方替リアリヤ

仕置方ノ丁天下一定ノ法律ニテ毫髪モ偏倚ノ丁ナシ

其名義條例ハ大清律ノ書ニ著ス所明白也

官府ノ吏他所ノ官府ヘ公用ニテ行通ヒアリヤ

諸官人公用ニテ互ニ行キ通ヘ相ヒ會メ集議スルヿ多シ或ハ平日交親キ人ハ私用ニテ宴會スルヿモアリ

北京ヨリ諸省ニ遣シ置官人ノ外其地ニ付来リノ役人アリヤ

湖廣四川廣西雲南貴州陝西ノ内深山偏僻ノ地ニ昔年ヨリ居住ノ土民苗蛮黎山等ノ種類多アリ清朝一統ノ後皆投誠スル故其酋長タル土司土官ノ者ニ本職ヲ授テ世々承襲セラル知府同知通判推官知州知縣縣丞巡檢等ノ職ハ吏部ニ属シ指揮使宣慰使宣撫使千戸安撫使招討長官百戸等ノ職ハ兵部ニ属ス

北京ノ近邊関所有リヤ、并往来ハ証文ニテ通スヤ、武
器持通ルヤ、

直隷諸省、地方隨所ニ、奸宄稽察ノ為ニ設ル関所尤
多シ、又収税ノ為ニ設ル関所アリ、其所ハ朝ヨリ官人
ヲ遣シ、商税船料ヲ徴収監ス、是ヲ関札ト云、其税銀
戸部ニ渡シ、或兵餉何等ニ支撥セラレ、又中華諸
省ニ往来スルニ、牌照（通手形往来之）ヲ帯ルヿナシ、西北口外、南北海
外、諸藩國ニ往来スル者、商照、船票、等ヲ領ス、若
シ武器ヲ携ル者ハ、其牌照ニ何品幾許ト書載有、
関所ニテ吟味シ、其数ニ違フ時ハ通サヌナリ、

北京其外諸處ニ法令ノ高札建ル事アリヤ

民間永久ノ例ニスベキ、告示ノ旨、碑ニ彫刻シ、街上ニ

建置所アリ、

外國ヱ商賣諸用ノ時、官所ヱ願フヤ、荷物分量アリヤ、日本渡海ノ舟人数何程、粮米ノ定メアリヤ、

外國ニ往来スル者ハ、官所ニ訴テ照票ヲ領ス、荷物ノ数ハ分量有ルコトナシ、日本其外海洋往来ノ舟、寸尺ニ應テ人数定有、粮米ハ海路遠近人数多少逗留ノ日数ヲ計テ、毎日人一人ニ食米一升タ、日本ノ五合八餘米一升ツヽ、載セル、然ド諸船定数ニ符合スルニアラス、

外國ヲ防ノ所々大略ノ事

上海崇明舟山厦門臺湾瓊州雷州肝要ナリ、

西（北）山海関張家口殺虎口寧夏甘粛等也、

外國ノ船、漂着ノ時吟味ノ事、

中華船、所々ニ漂着ノ時ハ、異ナル子細ナケレハ、官所ニ訴ルニ及ハス、若シ海外諸蕃國ノ、船、来ル時ハ、早速官ニ訴ヘ、其船奸細ノ所為モナキニ於テハ、其船来着ノ始末ヲ書述シ、証文ヲ出サセ、船中ヲ吟味アリ、又粮米薪水等遣ヒ切リ、又ハ風波ニテ船具ヲ損シ、修覆ヲ願フ時ハ、皆其望ニ應ス、諸用ヲ叶ヘ、其地ヲ出船セシム、滞留ヲ不許、

博奕盗賊悪黨、改方ノ事、

博奕ヲ犯者ハ、杖罪ニ處ス、其坐ノ金銀ハ官所に没収セラル、會所ヲ設タル者モ同罪ナリ、官人博奕ヲ成ス時ハ、罪一等ヲ加フ、盗賊劫掠搶奪ノ方略、贓物ノ多少

ニヨリテ罪ノ軽重アリ、総テ民十戸ヲ一甲ト云、十甲ヲ一
保トス、若犯科ノ欠落等ヲ隠シ、又ハ盗ヲ寄保スル
モノ、十家共ニ責メ、枷號ノ辱ヲ受シムルヲ株連ト云、
家々互ニ稽察メ、若シ疑シキニ於テハ、則官ニ訴出ル也、
又寺院、飯店、酒肆等ハ、吟味イヨ々厳密ナリ、

悪黨ノ内、當代ハ何ヲ専ラ禁セラルヽヤ

律書ノ最初ニ、十悪ノ條ヲ載、其内、謀反悪逆ノ者ハ、
恩赦ニモ免サス、

叛逆ノ者有ヘキカト吟味稠キヤ

叛逆者有時ハ必是ヲ誅罰アリ、則其徒、首従ヲ分タ
ス、陵遅ノ死ニ處ス、其祖父、父子、兄弟、伯、長父、甥姪、十
六ヘ歳以上皆斬罪也、十五以下、男并、母、女、妻、妾、姉妹等

ハ功臣ノ家ニ遣メ、奴婢トセラル、其極刑タルコ、天下ノ臣民皆知ル故ニ、平日別ニ叛逆ノ吟味トムコナシ、

要害ノ地、古今云傳フル所々ノ事、

直省要害ノ処々ニハ、其地勢ノ險易ヲ量リテ、官兵并旒旗、官兵配リ、酌駐シ防セラル、コ多少アリ、其官軍ヲ統御スルヲ、提督總兵ト云、一方ヲ總鎮スルヲ、鎮守總兵ト云、其次ハ副將參將遊擊都司守備又次ハ千總把總ナリ、肝要ノ大畧左ニ記ス、

北京
天津州 古北口
宣化府

盛京
寧古 黑龍口
塔鳥 黑爾根

山東
兗州府 登州府

江南
揚州府 松江府
通州 淮南府
崇明縣 江陰縣
鎮江府

浙江
杭州府 寧波府
處州府 黃岩
溫州府 舟山

江西
南昌府 贛州府

福建
福州府 漳浦縣
興化府 臺灣府
泉州府 廈門
漳州府 金門

廣東
廣州府 韶州府
雲州府 高州府
潮州府 瓊州府

碣石府　南湾　河南　西寧府　延安鎮　寉慶府
廣西　懐慶府　南陽府　西川　貴州
桂林府　南寧府　山西　成都府　建昌府　貴陽府　盛寧府
湖廣　大原府　雁門関　重慶府　松潘衛　安順府　安龍府
武昌府　荊州府　大同府　雲南
長沙府　彝陵州　陝西　西安府　涼州府　雲南府　永冨府
常能府、　穀城府　寧夏府　甘州府　同化府　永北府
水州府　楡林鎮　粛州衛　楚雄府　臨安府

何事ニ不依一味徒黨ノ刑罪有リヤ、人数何程以上
　ヲ徒黨ト云ヤ、
凡三人以上ヲ黨ト云、其刑法ハ犯科ニ依テ差別有、
叛黨ハ数人ヲ集メ、血ヲ歃リ誓約ヲ立テ、逆心ヲ企ル
輩等ハ、首徒ヲ分タス斬罪也、又盗賊黨アリ、其刧ミ掠ル
誆騙ルノ所為ニ依テ、刑罰ノ差別アリ、又兇勇ノ黨アリ、黨
ヲ結ヒ非義ヲ巧ミ、或ハ人ニ誣告ヲスヽメ、助力ノ人ヲ欧撃

シムル類ナリ、皆按例定レ罪、

喧嘩闘諍アル時取斗ヒ大方ノ事

小事ハ隣佑郷長ノ調和ヲ勧ム、傷ツケ命ヲ絶ノ大事ニ及フ時ハ、官處ニ訴ヘ、手足他物ヲ用ツテ、眼耳鼻肢ヲ打毀スルノ差別ニテ、管杖徒流ノ刑法アリ、譬ヘハ欧死セシムルトキハ、絞罪ニ處シ、刄物ヲ以殺時ハ斬罪ナリ、

管疑當作笞

人ヲ討立退、或ハ他家ヘカケ入時、取斗ヒノ事、

人ヲ殺ス者ハ、必命ヲ償フハ、古今通例ナリ、若逃走メ他家ニカケ入トモ、其者人ヲ殺セシ、罪人ナルヿヲ知ルトキハ、暫モカクマヒ置等ノヿナシ、

殉死ノ者アリヤ、禁制ナリセ。

明ノ英宗天順八年ニ此事停止ナリ、今代殉死ノヿ禁
制ナシトイヘド、有ヿマレナリ、若妻妾夫ノ為ニ節ニ死シ
奴僕家主ノ為義死スル時ハ官所ヨリ節婦烈女等
ノ字ヲ扁額ニ書シ其門家街上ニ掛テ諸人ニ感激セ
シム、是ヲ旌表ト云フ、

近隣ノ官府騒動アル時他ノ官府ヨリイロヒ不申
定法アリヤ、

他所ノ官所不時ニ騒動アル時ハ小事ハ心行クヿナシ大事
ハ恨義スル定法有、

朝廷ニテ闘諍アル時其取斗ヒ并乱心者ノ取斗ヒ
ノ事、

殿中ニテ争罵アル時ハ其声御坐ニ徹シ又闘欧殺傷ス

ル者有トキハ、常罪ニ三等ヲ加ヘラル、總シテ殿中ハ、宿衛守衛等ノ官有テ、是ヲ制止ス、若乱心者アル時ハ、吟味ノ上、実ニ其人風癲ノ病ニ極ル時ハ、介抱メ家ニ皈ラシム、但シ守門直日ノ官、其乱心タルヿヲ、覚察セサル罰アリ、

人ヲ討仕方ニテ、剛臆ノ沙汰有リヤ、又果状、出會、書置ノヿアリヤ、

人ヲ殺スニ七死ノ差別アリ、刼殺、謀殺、故殺、過失殺、闘欧殺、戯殺、逼殺、等ノ是也、其情由、謀畧ノ軽重ニ随テ、罪ヲ定ム、其場ノ剛臆ノ沙汰ナシ、又果状、出會書置等ノヿナシ、

父兄ノ讎ヲ討、掟アリヤ、讎ヲ子ラフ仕方イカヽ、

人ノ父兄タル人ヲ殺トキニハ、其子弟官ニ訴ヘテ、其党

手償命ハ刑法アリ若シ自身讐ヲ報ル時ハ共天ヲイタヽカサル孝心アリトイヘ𪜈官ニ訴ヘスメ私ニ人ヲ殺シ朝政ヲ蔑ニスルノ罪逃レ難シ我其讐ヲ報ル寸ハ其者ノ子弟又讐ヲ子ラヒテ際限ナシ故ニ人ヲ讐殺スル者罪ヲ免サルヽ定例ナシ若権勢者非理ヲ以テ人ヲ悩シ殺ス寸ハ其子弟必冤枉ノヿヲ上司ヘ訴ヘ辯明ヲ願フヿナリ

助太刀ノ事

人ヲ殺ニ造意ノ者ハ斬レ加功ノ者ハ絞セラル加功ハ本人ニ一等ヲ減ス

官人農商人召仕イヲ自分ニ死刑ニ行フヿ有ヤ

律ニ人命ヲ重セラル凡官人農商奴婢罪アル時ハ

地方官ニ送リ究治セシム、夕トヒ重罪ナルハ民ノ意ニ任セ
拷問シ、殺傷スルトキハ其罰アリ、

親類書、由緒書等吟味アリヤ、

文武諸官人、皆父祖、三代履歴ノ吟味アリ、尤武官ハ、
其先祖軍功ノ由緒ニ依テ、永代又ハ数代、永襲セラ
ルヽノ定例アリ、

誓紙ノ様ナルヿアリヤ

諸官人、朝廷ニ對シ、誓詞ヲ立ルヿナシ、但シ偏審トテ、
十年ニ一度、各所田土ノ授受、戸口増減ノ改アリ、此時
脱漏移換等ノ弊ヲナサヽル為ニ、地方官、自ラ城隍
廟ノ前ニテ、誓文ヲ設ルヿアリ、

主人。

先主ノ障リアル者、召抱サルヤ、

奴婢ヲ抱ル時、吟味ノ上ニテ先主ニ障リアル人ハ抱ヘス、

罪人ハ何クニ取サハカルヽヤ

罪人ヲ預ルハ、司獄官提牢官掌ル、若シ親王宗室

罪アル時ハ、宗人府衙门ニ至テ訊問ス、常人ニ異也、

官人諍論ノ時、センギ又ハ對決アリヤ、

官人ト官人ト諍論ノ時ハ、上司分剖ヲナス、重キハ先職

ヲ革メ、任ヲ離シテ聴審アリ、僉議ノ上罪ナキ分ハ、原ノ

任ニ復サシメラル、其對決常人ニカワラス、

死罪ニ軽重アリヤ、官人農商ノ替リアリヤ、

死刑ニ三等アリ、絞罪ハ縊リ殺メ、其肢體ヲ全ス、斬

罪ハ刄殺メ、身首所ヲ異ニス、其内ヘ立決監候ノ差

別アリ、或ハ諸人ニ示メ知ラシムヘキ罪人ハ、梟首セラ

ル、ヿモアリ、又謀叛悪逆ノ大罪ハ、陵遲トテ、其罪人ヲナツリサケテ、身内ヲナツキ苦メテ殺死セラル、或ハ剮罪ト云、凡刑法ハ、其犯科ノ處分ニヨレリ、官人白衣ノ差別ナシ、故ニ俗語ニ、王子犯レ法庶民罪ト云リ、

禁門ノ出入防方ノ事、若紛レ入者、ウロタヘ入者、罪科之事、

禁城門宮殿門ニハ、守門官人并宿衛ノ軍士、晝夜輪番ニ點視ス、若意有テ、紛レ入者有時ハ、僉議ノ上、杖徒死ノ刑法有、又誤リテウロタヘ入者有レハ、守衛ノ官呼リ近ケス、若退去ザル者ハ、軍人持所ノ瓜鎚ニテ打撃ス、若覚察ヲ失ス時ハ、直日ノ軍士罰セラル、

訴訟ノ内ニテ、何品六ケシキヤ、

官人大事ハ必役場ニ行テ公議ス小事ハ官人ノ居宅ニ行テ内意ヲ陳告スルヿモアリ尤在京ノ官人ハ皆公舘ニ居住ス

官人ノ内其家ノ重代ノ職アリヤ

孔夫子ノ末裔衍聖公並兗州府ノ学録曲阜縣知縣翰林院大常寺國子監衛門ノ博士仕ス又周公ノ末裔顔淵曾子孟子閔子騫子貢子夏子游子路ノ末裔又關聖ノ末裔周子邵子張子二程子朱子ノ末裔皆世々翰林院衛門博士ニ仕ス或士司士官等ハ皆世々其地方ニ仕ヘ本職ヲ勤ムル

（二程子河南程顥以是之歳ハ元豊八年卒ス顥字ハ伯淳號明道ノ弟頤字正叔號伊川兄弟皆従濂溪周惇頤濂溪ハ號周ハ姓惇頤ハ名）

神社佛寺開帳有ヤ狂言見セ物談議説法等有ヤ

名山大寺ニテ、年節、或ハ菩薩生辰ノ日、成道ノ日ニハ、大殿ノ門ヲ開キ、誦経進香ス、尤路邊ニ芝居見セ物ヲノ、生業ヲ成ス者有、又寺院ニテ、講経説法マヽコレアリ、聴聞ノ者、大抵老人多ク、若キ女ハ禁ス、

肉食妻帯ノ宗門アリヤ、尼寺アリヤ、

妻帯ノ僧ハナシ、但喇嘛僧ハ、肉食ス、又直省所々ニ尼寺アリ、

寺社朝廷ヨリ、附置ル、田畠、山林、金銀アリヤ、

殺生、禁断ノ高札アリヤ、

勅賜ノ寺院ニハ、田地山林ヲ附シ、造営ノ科ハ、朝廷ヨリ下シ賜フ、又諸府州縣毎ニ学宮アリ、皆學田ヲ附セラル、又寺院ヨリ、戒殺ノ札ヲ地方官ニ願ヒテ、境内ニ立ルナリ、

按朱王苗漢朱虚候之苗乎

寺社ノ鳥獸神木ノ類アリヤ

六安山ニ神アリ、甚霊驗ナリ、此山ノ鹿ハ、人取ルヿナシ、トレハ必病ヲ受、漢陽府ノ朱嘴山ニ朱王廟アリ、此山ニ生ル木ヲ伐ル者ハ、大病ヲ受、乍浦地方ノ羊山ニハ神アリ、羊山老爺ト称ス、此山ニ羊甚多シ、人浦ル寸ハ必禍アリ、但シ此処ハ、舩カヽリノ處ニテ、若風不順ナル寸ハ久シク滞舩シ、食用ニ尽ルヿアリ、其時ハ山神ニ申シテ、許シアル寸ハ羊ヲ借リテ食ス、其後羊ヲ買求テ、本山ヘ放チ返スヿナリ、

寺社ヘ参ル者、初尾賽銭等ヲ捧ルヤ、賽銭箱出シ置ヤ、

寺院ヘ参ル者、皆銀銭ヲ奉ル、是ヲ佈施銭ト云、又喜銭ト云、

堂前ニ銭箱アリ、

神佛ニ、縁日ト云類アリヤ、

諸府州縣ニ、毎年二月、八月上丁ノ日、至聖先師ノ廟ニ奠儀有、三月廿三日、天妃ヲ祭ル、五月十三日、関聖帝ヲ祭、正六九月十八日、觀音ヲ供養ス、

奠儀釈菜
同釈奠

宗門ニテハ、何ノ宗旨多ク有ヤ、

天下臣民、日本ノ如ク、宗旨ヲ専ラ立ルコトナシ、僧徒ニハ、講派、教派、禪派ノ差別アリ、但シ臨濟派、帰依ノ者多シ、

祭礼、佛事、古来ノ例ヲ不改、其侭行フヤ、

祭礼ニハ、諸省所々、城隍廟ヲヲ祭、郷村ニハ、土地祠ヲ祭リ、農民ハ、皆后稷ヲ祭リ、或ハ其地方ヨリ出シ、

聖賢、忠孝、義夫節婦ヲ祭ル、佛事ニハ、諸寺院ハ佛菩薩生辰、又ハ成道ノ日、誦経進香ス、又諸省家々、諸人三月清明ノ節、十月朔日ニハ、先祖ノ墳墓ニ祭リ掃フ、是等古法ヲ改メス、

出家社人ニ、重キ官位ヲ仕、朝廷ヨリ尊クアイシラハル、コトアリヤ、

術聖公ハ、歴代襲封アリテ、朝廷ヨリ厚ク敬セラル、又襲鹿山張天師歴代、正一嗣教真人ノ襲封アリテ、天下ノ多福ヲ祈ラシム、明ノ神宗、第五十代真人、張國祥ヘ道術霊應アルヲ喜ビ、皇女ヲ婚聘アリテ、駙馬都尉タリ、京都ニ留住アルコト十三年、寵賚尤渥シ、清ノ世宗ノ時、五十三代ノ真人、張洪任、五十四代ノ真人、張継宗共ニ朝

廷ノ恩寵甚厚シ、

市中村里ニ、鎮守ノ社アリヤ、祈禱ノ札アリヤ、

前条ノ如ク、重キハ城隍廟、次ハ土地祠アリ、元旦端午等ノ節、各廟ノ道士、符籙ヲ出ス、或ハ黄紙朱書シ或ハ紅紙ニ墨書ス、諸人其符ヲ廳屋ノ内ニ貼ノ、不祥ヲ祛逐ス、

廳大家也

出家士倍氏、田國ノ者アリヤ、往来証文ニテ通スヤ、

行脚ノ僧ヲ、遊方僧ト云、各所名山古蹟ニ徧歴進香スル者アリ、倍人ニモ、諸方遊行スル者アリ、皆心ロ任セニメ、往来証文ナシ、

官人其外ニ、恩賞田地山林等ヲ賜テ、永領ノ

者アリヤ、

諸官人、其外ニ、田地山林ヲ賜フ了、甚稀ナリ、

給銀ヲ田地ニテ、賜フ事アリヤ、

大小官人、其品級ニヨリ、皆銀ヲ以テ俸給有、田土給

分ニ宛ル了ナシ、

官位永宣旨、賜フ了、日本ノ伏見殿、京極殿ノ

類アリヤ、

皇族ノ封爵、各々永代承ケ継ク定法也、親王ノ
第一子ヲ、世子ニ封シ、親王ノ爵ヲ継シム、餘子ハ郡
王ニ封セラル、郡王ノ第一子ヲ、長子ニ封シ、郡王ノ
爵ヲツカシム、餘子ハ、貝勒ニ封セラル、其子ハ、貝子ニ
封シ、其子鎮国公ニ封ス、以下準之、若其内、功績アル

人ハ、封ヲ加ヘラル、其等級、次第ハ、上ニ見ユ、
徽官位、或ハ無官ニテモ、其家ノ筋目ニヨリテ高官
位ノ人ヨリモ、貴敬セラルヽコト、日本ノ喜連川殿
ノ類有リヤ、
古昔ハ勿論、宋元明帝ノ裔ニテモ、朝臣ヨリ貴ク
アシラワルヽ、家筋ト云コトナシ、降参セシ、鄭成功
ノ末孫又福建ノ海津公ナドハ封シ置ルヽマデニ
テ、朝廷ヨリ重クアシラワルヽコト、全クナシ、
平生客来ノ時、茶タハコ等ノルイ、定レハ礼
法アリヤ、
諸處ノ風儀異同アリトイヘトモ、客来ノ時、互ニ揖
讓ノ時宜アリ、客ハ東ノ座ニツキ、主ハ西ノ座ニ向ク、

茶タバコ菓子ノル下出ス、定法ニハ非ス、
客来ノ時、座席ノ様子、飾ホノ事ハ、
賓客ハ案内ジテ、招請スル时、席ノ正面ニハ乃画八仙一
幅ヲ掛、前ニ長卓一脚ヲ置ク、是ヲ天然几ト云、或ハ谷木、
色木ニテ作ル、卓ノ上ニ華瓶一對ヲ置、或ハ時ノ花ヲサシ、或ハ
珊瑚樹、孔雀ノ尾ヲ揷ム、中盎ニ大香爐ヲ置、旁
邊ニ繡簾ヲ掛ル、梁上ニハ羊角燈、紗燈数多
ヲ掛置、上ニハ紅氊ヲ鋪ス、柱ニハ紅錦ヲ引回ス、
饗應ハ時宜ニヨリテ、几十二簋、卓子一脚ニ、客一
人、或ハ二三人、又席上ニ、香几一ツヲ出シ、香炉香筯、
香盒ヲ備置、酒饌ヲ進ム、戯樂ヲ設ルモアリ、
年始、節句、又ハ見廻ニ行、云置キ、又ハ親ニヨリテ、

座鋪内所ヘ通ルモノアリヤ、
年始ノ賀儀、又ハ訊問ハ、平生交リ疎キ者、書札ヲ遣シ、又ハ门外ヨリ、取次ノ者ヘ言置アリ、交リ親キ者ハ、座鋪ヘ通リ、談話ス、親族通家ノ者ハ、直ニ内所ヘ通リ面見ス、

高官ノ方ヘ、見廻等ニ行タル、挨拶ニ、謝礼ノ使者、又ハ書札ニテモ達スヤ、
小官ノ者、大官ノ方ヘ行タル、返礼ニ、大官ヨリ、使者、或ハ書札遣スヿアリ、尤大小官、其位一二級違者ハ、互ニ自身ニ行ナリ、

市中村里ニテ、礼儀ニテハナク、玩業アリヤ、
正月上元ノ節ハ、朝廷、市中、村里共ニ、家々燈ヲ設

鞦韆縄戯

二星（牽牛織女）

多トモス、是ヲ燈市ト云、又ハ燈節ト云、十三日ヲ試燈ト云、十五日ヲ元宵ト云、十六日ヲ正燈節ト云、十七日展上元ト云、十九日ヲ収燈ト云、二月ニハ、風筝ヲ放チ、鞦韆ヲ打セリ、三月蹈青トテ野山ヲ歩行ス、清明ノ日墳墓ヲ祭ル、四月八日灌佛會アリ、五月五日競渡ノ舩アリ、鬪草ノ慰アリ、此日粽ヲ吃ス、七月七夕二星ヲ祭ル、十五日盂蘭盆會アリ、八月十五日夜月ヲ賞ス、九月重陽、高ニ登リ、十二月竈神ヲ祭ル、又平日、官民共ニ、圍碁双陸、打毬、蹴鞠ノ慰モアリ、踺子トテ雞毛ヲ結ヒ束テ、蹴上ル等ノ遊興アリ、其外在々所々ニテ、戯遊多シ、

夜分ノ礼式アリヤ

前条ニ述ル上元ニ觀燈、中秋ニ賞月、十二月竈神ヲ祭ル等ノ時、親戚朋友ヲ宴會ス、必礼ト云ニハアラズ、

六月十六日、喜祥ノ祝ヒノルイアリヤ、

此類ノ事ナシ、

官人ノ饗應ニ、弓、馬、能、囃子、相撲、歌舞妓ノルイアリヤ、

賓客宴會ノ時、其客ノ好ム所ニ隨テ、投壷、彈琴、圍碁、或ハ演戯、踊リナリ、大小樂ヲ興スルヿ有リ、走馬、射箭、角力等ヲ、催スヿナシ、

何ノ藝術ニテモ、世々其家筋ニ、傳ヘ来リ、勤ルヿアリヤ、

八旗官ハ累代武職ヲ勤シム又古聖賢ノ末裔ニハ世々博士等ノ職ヲ授ラル又張天師ハ歴代朝廷ヨリ貴重有テ歳時ノ豊歉雨暘ヲ祈禱シ或ハ災禍妖怪祓除スル神術ヲ行フ

歉疑衍字

家ニテ古例吉例ト云事アリヤ

當代朝家先祖興京東京ノ地ニ廣陵アリシヲ開國一統ノ後尊称シ興京陵山ヲ啓運山ニ封シ東京陵山ヲ積慶山ニ封シ太祖ノ陵山ヲ天柱山ニ封シ太宗ノ陵山ヲ隆業山ニ封シ世祖陵山ヲ昌瑞山ニ封シ皆帝業ヲ肇ラレシ古例ヲ追尊アル心ナリ但シ臣民等ノ家ニテモ喜例ト云フルイアルヘト云𪜈逐一ニ知カタシ凡天下ノ諸人貴賤ニ不限ラ生誕ノ日ハ皆自

分相應ノ祝事ヲナス、尤當今帝ノ生辰ヲ、萬壽節ト称シ、諸王大臣以下、外省諸衛門ノ官員ニ至ルマテ、皆慶賀ノ禮儀アリ、

家ニヨリテ、刀ノ銘、植木等ニ忌者アリヤ、

唐ニテ、刀ノ銘ニ、古代ノ名作等ヲ、賞翫スルヿナシ、又家ニヨリ植木等忌者ナシ、

遊女町定リタル所アリヤ、定ノ外禁制ナルヤ、隱シ遊女禁制ナルヤ舩ツキノ湊ナトニ、遊女多クアリヤ、遊女名目ノ事、

明朝マテハ、遊女町所々ニ有ト云トモ、日本ノ如ク定リタル場所ニ、曲郭ヲ構ル等ノヿナシ、清朝ニ至テ、遊女禁制ナリ、但シ、山西、陝西、二省ニハ、樂

戸水戸ト云、遊女芝居、狂言ナトヲヽシ、人ヲ集メ慰ムル宿屋アリ、其外諸省ノ内、遊山處、或ハ商客旅人ノ集ル所、舟湊ニ、茶屋女ノ類抱ヘテ、置所ガ多シ、其宿ハ、旅人等来ルアリ、或ハ旅宿ヘ呼寄スルヿモアリ、先代官所ニモ知レタル、遊女ヲ官妓ト云リ、當代ニハ官妓ナシ、表テ向キ皆隠シ遊女ナリ、曲郭ヲ花街ト云、遊女ヲ倡ト云、倡ニ嫖ト云、カブロヲ妓婢ト云、クツワヲ亀鴇ト云、又忘八ト云、揚屋ヲ娼房ト云、

芝居歌舞妓、浄瑠理、カラクリ等、定リタル所有テ、定ノ外、禁制ナルヤ、狂言仕組ニ、如何様ノヿハヤルヤ、肴板ノ書様、或ハ仕組ハヤ

リ歌ナトニ、禁制ノコトモアリヤ、并役者名目ノ事、
芝居踊リ、狂言總名ヲ劇ト云、俗ニ戯ト云、小歌ヲ
曲ト云、カラクリ芝居ハ稀ナリ、日本ノ如ク定芝居
ノ場所ヲ搆ルコトナシ、定ノ外、禁制ト云コトナシ、皆
誰レ某レノ組トテ、役者組合アリ、人家祝事客
来ノ寸、招キ雇レ、又二三日、二三夜ツヽ、所々ニテ戯
ナサセリ、戯樂ヲ設ル場所、戯園ノ總門ニ、座
本ノ姓氏、張園李園ナトヽ、二字ヲ大書シ、看板
ニハ、某園ニ於テ、某レノ月幾日、何ノ戯ヲ演スト、書付
所々ニ張置ナリ、其期ニ至テ、唱戯ヲ設ケ座本
ヨリ、見物人ニ、酒肴ヲ出ス、其後見物ノ者、座本
ニ礼銀ヲ遣スナリ、北京南京浙江福建等、諸

人多ク来リ集ル處ニハ、毎日戯園数十ケ所アリテ仕組大抵、忠孝節義ノ故事多シ、尤狂言ハヤリ歌等ニ、朝政ヲ誹謗スル等ノ仕組ハ禁制ナリ、又歴代帝王后妃古、聖賢名臣等ノ像ニ、打扮スルヿハ禁制也、神仙道仙等ノ像ヲ、装フヿハ許サル、善ヲ勧メ、悪ヲ懲スノ仕組ヲ、専要トス、役者名目ハ忠義官員、豪侠ノ士ニ出立ヲ、正生ト云、壮輩ノ者風流ノ才人等ニ出立ヲ、小生ト云、立役ノルイニテ、或ハ王侯ニナリ、佛神ノ像ニナリ、又ハ家人等、種々ニ出立ヲ、末ト云、武烈ノ悪人、奸佞ノ人ニ成ヲ、浄ト云、傭夫奴僕、或ハ生質、不宜小人ニナルヲ、丑ト云、女形ヲ旦ト云、其内老婦嫗母ニナルヲ、老旦ト云、貞静ナル婦

人ヲ、正旦ト云、風流ノ艶女、妾婢等ニナルヲ小旦ト
云、又戯樂ノ内、管絃ニ合セテ、歌ヲウタフヲ唱ト云、
礼節、或掛ケ合ノ問對スルヲ、白ト云、

遊女町、芝居見物、次第ニハヤルヤ、前々ヨリ衰
タルヤ、芝居見物ノ内、男女何レノ方多キヤ、出家
モ見物スルヤ、

何レモ昔年ニ比スレハ、粗減セリ、婦女ハ自分ノ家
内ニテ、唱戯ヲ做シム、外ヘ至ル者、稀ナリ、間々五六
十歳ノ老婦ハ、行モアリ、僧ハ戯園ニ尤多シ、

古戰ノ書ヲ講釈シ、辻々ニ芝居ヲ構ル、渡世ノ者
アリヤ、

古事ヲ講メ、渡世ヲテス者多シ、或ハ場所ヲ構ヘ或

殺傷ヲ被ル者、其兇手ヲ知ラス、盜賊贓物ノ証跡ナキハ、容易ニ取計ヒ難シ、官司法律ヲ誤ル寸ハ、罰俸降級革職等ノ処分有、故ニ経レ年不決、

山川其外諸運上物品々大槩ノ事

直隷省、課税ノ定制有、徴収起解ハ、皆其地ニ宜シキニ随テ、各司是ヲ管ス、銭糧ハ田地ニカヽル年貢也、塩課ハ塩ノ運上也、馴票ノ数ニ依テ課銀ヲ納ム、茶課ハ茶ノ運上也、判目ノ数ニ依テ課銀ヲ納ム、関税ハ各所ニ関所ヲ設テ、商税船科ヲ納ム、芦課ハ、芦ヲ産スル地、江南江西湖廣ノ三省ヨリ課銀ヲ納ム、魚課ハ漁場ノ運上也、諸家ニ河伯衛門ヲ設テ、課銀収ム、雑課ハ各項ニカヽル運上也、如レ右ト雖、其銀目員数甚軽微也、

但シ書籍筆墨硯等ノ文具ハ運上ナシ、

一

金銀銅鐵ノ山知タル所アリヤ、金札ツカイノヿ有ヤ、

金銀ヲ產スル山ハ、從來聞採セザル故、其所ヲ不知、銅山ハ、雲南貴州四川陝西ニ在、鉄山ハ各省處々ニアリ、又札ツカイノヿナシ、

市中其外賣人出シ所エ、役人出テ吟味スルヤ、

諸貨物関所ヲ通ル時、其包捆ノ大小長短ヲ吟味メ、定則ノ税銀ヲ出サメ、其上ニ紅印ヲ打ナリ、仍関所ヨリ、督理官紅單トテ、何々ノ貨物ニ、税銀何ニ程収納スル由ノ票ヲ与フ、此ヲ驗單ト云、又税單トモ云、尤單ナキモノハ、私貨トテ商賣ハセス、

捆當作梱

秤外ノ極所、賣所アリヤ、

秤升ハ式様天下一同ノ制度アリ、極所賣所ノ定ラザル
ヿナシ、民間ニテハ私秤私升ヲ用、少シ大小軽重ノ違ヒアル𪜈、互ニ酌量折筭シテ滞ヿナシ、官所ニハ徴収支給𪜈ニ、定制ノ秤升ヲ用ユ、

金銀ノ吹所、極所アリヤ、

全クナシ、皆正直ノ金銀ヲ通用ス、若銅鉛水銀ヲ以假銀ヲ偽造スル者ハ、徒流ノ刑法アリ、但シ鑄銭ノ法ハ重シ、北京諸省ニ、銭局ヲ設ケ、官人ヲシテ督理セシム、若私ニ銭ヲ鑄ル者ハ、絞罪ニ處セラル、

官人公用ニテ、他處エ旅行ノ往来、朝廷ノカマイナルヤ、

帝都ヨリ諸省エ、人負ヲ差セラル、外省ヨリ帝都ヘ

奏報ノ時勘合火牌トテ、郵符ヲ持通ルナリ、則切手也、道里遠近事務ノ緩急ヲ計テ、兼テ諸官ヘ予ヘ定数アリ、往来ノ時急用ニハ、勘合ヲ用ヒ、常用ニハ火牌ヲ用、即傳馬人足、又ハ水路ノ船廩給ニ、勘合火牌ニ合セテ、通筋ノ諸所ヨリ、朝廷ノ銭糧ヲ以テ供應セリ、尤小事ニテ、近方往来ノ時、自分路費ヲ用ルヿモアリ、

口糧

雑説戯言、狂歌落書等、制禁ナリヤ、

潑手好閑輩、雑説戯言ヲナスヿ常ニ多シ、但シ朝政ヲ誹謗スル事制禁ナリ、若露顕スルトキハ罰セラル、或ハ無名ノ詩詞、落書ノ類、又ハ事ヲ寄託セシ圖畫等ヲ書テ、衛門ノ口、街道ニ張掛ルヿ、マヽアリシ、

聚ル

諸省所々風俗大畧之事

北京帝都ナルユヘ、天下ノ臣民百工来ル、其次ハ咸陽ナリ建都ナルヲ知ルヘシ、山東ハ正直ニ〆愚贛（正直ニ）也、江南ハ先代建都ノ地アリ、故ニ財賦天下第一ノ所ニ〆、文学モ盛也、其俗富饒（ナヒ）ニ〆華麗ヲ好ム、浙江財貨賦税モ多シ人情巧ニ〆頗ル勇悍（悪ク強シ）也、虚浮ヲ好ミ、華有テ實ナシ、江西土地瘠テ貧者多シ、俗質朴ニ〆、専ラ学業ヲ勤ル故、秀麗ノ士出ル丁多シ、殊ニ撫州吉安府勝レテ才智アル人出ル、福建山多ク田少シ、民間又学ヲ好ムモノ多シ、モ山谷瀬海ニテ、盗賊ノ患アリ、廣東山海ノ土産饒ヒ也、海船来着ス故、蓄貨多ク集ル、又山猺（編地住居ノ民ナリ）有テ寇ヲナス丁有、又海賊アリ、廣西

熱當作熟

種之曰稼 斂之曰穡

猺獞ノ種類多ク集ル、中華編民少シ、其熱ナル者ハ漸華人ニ馴ト雖モ、煽誘讎殺ヲ専ラトスル故邊境騷擾ノコトアリ、湖廣其地廣沃ニシテ、菽粟多シ、富饒ナリ、人情誇誕ヲ好ム、河南ハ節義ヲ尊ビ、専ラ稼穡ヲ勤ム、氣習勁剛ニシテ、人ニ馴親ミカタシ、山西朴素ニシテ、民安ク盗賊ナシ、陝西風俗淳厚ニシテ、羌蕃ノ地ニ接ス、故ニ邊患ノ若ミアリ、西川者岷江陀江墨水泉ノ四大川ヲ以テ名トス、要害堅固ノ地ナリ、人氣奸雄ノ者多シ、雲南其地吐蕃ニ接ス、元明以来始テ中華ノ版圖ニ入、人情勇悍ニシテ疑多シ、近来漸ク華俗ニ化ス、貴州古昔ニ羅施鬼国ナラ、其疆域中華ノ一大府ニハ過ス、雲南往来ノ道ヲ通スル故、中華ノ版圖ニ入ル、

韃靼公私ノ往来ナラスヤ、
商賈多ク韃靼ニ往来スル者ハ、官所ニ許テ文憑ヲ領シテ
クロ外ニ出入ス、極西ニ至ル者稀ナリ、

韃靼ヘ年々銭ヲ送ラル、由、貢数何程ノヿヤ、
清朝開國以来、満洲蒙古部落、互ニ婚姻ヲ結ヒ、或ハ駙
馬又郡馬（皇家諸王家ノ聟也）数多ノ親族トナル、毎年帝ノ誕生
日、年節等北京ニ朝貢アリ、先帝各賞賜ノ例アリ、
第一親族ノ好ミ捨難ク、又ハ無知ノ華怨ヲ結ヒ邊境
騒動ノ端トモ成ヘキカト、断絶ナク常賜アリシニ年
々親族多クナルニ随テ、賜物ヲ減少セラル、最前ハ銀
子綾紗緞子羅紗ノ類ナリ、其後ハ上等ニ車二十輛、
中等ニ十餘輛、下等ニ七八輛、皆銅銭端物雑物ヲ与

落ハ村也

銀當作錢

ヘラル、則銀ノ替リニ銀ヲ与ルヿ折省ノ意ナリ、負数ハ民间ニ用及バズ、

北京ノ外帝城ニナルヘキ所アリヤ、代リノ地用意モ有ヤ、

北京本金元ノ都也、明ノ大祖金陵ニ都ス、同ク世祖今ノ北京ニ徙サル、南京ハ東南ニ偏ニメ、西北ノ方ヲ控禦シ難シ、故ニ勝地トセス、古代ノ帝都、陝西四川河南江南是ナリ、北京ノ形勝、天下無双ノ要害ノ地ナリ、其後遷サルヽ沙汰ナシ、

官人以下、婚礼葬礼、大切ニスルヤ、

官人ハ、甚品級ニヨリ定制アリ、農商庶民ハ富ル者雖モ分ニ過ヘス美ヲ尽スヿナシ、但江南ハ、婚葬共ニ他

省ニ比スルニ、華麗也、浙江ノ婚礼ハ専ラ美ヲ尽ス者多シ、

賂時行ルヤ、刑法ニ行ルヽ官人モアリヤ、

官人賄賂ヲ受ル者、枉法不枉法ノ差ヒアリ、又財物ノ多少ヲ計テ、杖徒流絞ノ刑アリ、雍正五年書辨章、孔昭犯贓ニヨリテ、斬罪セラル、陶東山金秉衡陽福張盛等ハ、遠流セラル、

毒飼ノ事アリヤ、

蠱毒ヲ造リ、或ハ毒茶ヲ用テ人ヲ殺ス者間々アリ、覺ルヽ時ハ、斬罪ナリ、其子細ヲ知テ、毒ヲ賣ル者同罪ナリ、

武官ノ外、武器ヲ貯アルヤ、文官自分ノ武具ヲ處

持スルヤ、

文武官共ニ、其職ニ随テ、武具ヲ所持スル定例アリ、屬下ノ兵下ニハ、朝廷ヨリ武具ヲ与ヘラル定数アリ、但シ弓箭、鎗、刀、弩ハ、盗賊ヲ防ク故ニ、文武諸官人、以下庶人共ニ、所持ス、長鎗、大戟、鳥銃、炮位ハ制禁也、

武具ヲ工人ヨリ調ルヿ停止ナリヤ

盔鉢也

前條ノ如ク、長鎗、大戟、又ハ盔甲ノ類、私ニ調ルヿ禁制ナリ、若私ニ大小炮位ヲ、鑄造スルモノハ、斬罪ナリ、工人ヨリ、弓箭腰刀ヲ調ルヿ構ナシ、

清朝五六十年以前ハ、風俗人心質[illegible]アリヤ、

當時ノ風俗ハ昔ニ比スレハ粗カナルヿアリ、三十年以前ハ人ノ心質朴ヲ好ミ、衣服ハ、細紗綾ヲ、着用シ、皮袂ヲ着ル者ノ稀也、客ヲ請スルニモ、簋モ六簋ニハ過ス、簋ミツポク碗数ナリ、近年ハ華奢ヲ好ミ、衣服モ、紬子囉哆ノ類ヲ常服トス、或ハ貂裘狐裘ヲ著ス、客来ノ節、必十二碗用ユ、家ニ畜積ノナクメ虚浮ヲ争フ、風俗トナレリ、

貂鼠也

諸省往還ノ内、山川ノ難所大畧ノ事、

直隷諸省ノ内、陸地水𪜈ニ難所多ミ、湖廣四川雲南貴州險阻ノ地尤多ミ、湖廣漢陽府點心坡ト云処、数十里ノ内、荒地ニメ、屋家ノ大サナル石子乱累セリ、鬼見愁蛇倒退ナト云ノ地方、馬　駕籠𪜈通ルヿヲ得ス、鋏ノ嵓有巌ヲハキ、木根藤蘿ヲ攀テ上下ス、

漸一日ニ二十里ヲ行、虎狼道ヲサヘキリ、容易ニ通リカタシ、又雲南貴州ニハ、三四日、或ハ五七日程、絶タル所アリ、旅行者、駱駝ニ荷物并糧米ヲ運ハセ小キ釜ヲ携テ、途中ニテ飯ヲ炊、食用ヲ助ク、夜ハ野宿スル所多シ、又水路ニハ、長江黄河焦湖峡河ノ類アリ、長江水深キ所ハ底ナクシテ、旋窩多シ、浅キ所ハ砂地ナリ、風潮低ニ長シ、低ニ退ク、長ル時ハ、舟漂没シヤスク、退時ハ、舟沙上ニ、乾涸シテ進ムヿヲ得ス、又峡河ハ水浅シ、河底ニ筍ノ如礁アリ、其流鋭ニシテ、矢ヲ突ガ如シ、八百里程、九十余里四五ケ時ノ間ニ、舟ヲ下ス、河上ニ舟ヲ引ニハ、廿四日ヲ経ルトイフ、

諸省　譯官アリヤ、

（騇駝　河原毛馬　野馬　〻如馬獸也）

（旋窩　摳廻也）

翰林院院也

北京翰林院衙门ノ属下ニ四譯館ヲ設テ外國ヨリノ朝貢ノ諸國文字言語ヲ通スル官ヲ置ク外省ニ置クコトナシ

下人年季ノ定限アリヤ給銀ハ大概請人証文有ヤ譜代ナルカ

奴婢ヲ抱ルニハ年季又ハ雇ヒ又ハ譜代ノ約束アリ奴僕給銀一ヶ年ニ銀二三十目ヨリ百目ニ至ル譜代ハ銀七八十目ヨリ二百目ニ至ル又婢女終身召抱ルニハ其人品ニヨリ上等ハ銀五百目ヨリ一貫ニ至ル中等ハ三百目ヨリ五百ニ至ル下等ハ二百目ヨリ三百目ニ至ル又奴婢身ヲ質物ニ究給銀半分程ノツモリヲ備用シテ四五ヶ年又幼少ノ者ハ十年ヲ限リ満シ時借銀ニ利足ヲ加ヘ返済ノ上暇ヲ出スコトモ有先祖以来召仕ノ下人ヲ我國中ニ居セシメ主

從互ニ子孫迄、召仕者多、尤中保、請人ノ契券、身券アリ証文ナリ、若奴婢、盗欠落等スル寸ハ、中保ニ尋出サシム、其者尋出シ得サレハ、中保手前ヨリ、給銀盗物等ヲ、辨ヘ、償シムル約束ナリ、

○唐山保券

內姪王二郎定遠縣黃花軍人氏見當本處
里正王善的兒子秉性老實小哥爲保人依謹
當氏一十多家身價白銀三錠收約長委天百
祿多々不遠夯脅帋々以代血誓萬乞敵
東人之盛意
彰々不具券畜

成化甲辰春三月

許員外大郎 上下

保主 張凝 百

本父 王善 瓜

朝官元満州ヨリ附来ル譜代ノ家筋断絶ナキ様ニ取置ルヽヤ、

創業以前ヨリ、幕下ニ属シ、周国一統ノ時ニ至ルマテ、附随シ、勲功ヲ立シ輩ヲ、従龍ノ臣ト称ス、是等ノ家、世々断絶ナク、承襲セラル、朝廷ヨリモ厚ク恩廕アリ、

官人自分ノ召仕ノ外、甚官ニ附人ヲ、自由ニハ仕ハザル

ヤ、

本邦ノ官人、其属下ノ負ヲ、優リニ私用ニ召仕、或ハ非理ニ労若セシムル寸ハ、罰俸ノ法ナリ、

願訴訟人等、官府ニ取捌(サバキ)ノ法、大概之事、

官府ニテ、公事訴訟ヲ聴ル定日アリ、或ハ三、六、九、或ハ三、八ト極ム、其ノ當日、願訴訟人、役所ノ门外ニ相詰ル、初メ柏子木ヲ三ツ打、其後升堂鼓ヲ三ツ打時、皂隷吆喝(ヨウアイ)(呼出スコ)ス、皂隷ハ役所ノ下卒ナリ皂布ニテ頭ヲマキツヽム故、皂隷ト云フ、正官人中央ニ坐ス、皂隷门ヲ開キ先投文牌ヲ立ル時、上司ヨリ、文書諸衙门ト往返ノ文書ヲ発行ス、次ニ稟事牌ヲ立ル寸、稟事人(稟事ハ願訴訟人ナリ)東门ヨリ進入、姓名ヲシラヘスル、跪テ稟呈ス、事畢リ西門ヨリ出、又告状牌ヲ立ル寸、告状人(カチカタヲ原告ト云、ウケカタヲ被告ト云)、東門ヨリ入テ、同ク

事終テ西門ヨリ出ル、僉議済テ门ヲ閉ル、皂隷呋喝シ、退堂鼓ヲ折寸、正官人坐ヲ退ク、即刻衙旁ヲ返サル、モアリ、或其日公事人等ヲ呼返シテ、聴審スルヿモアリ、

官人、農、工、商、人体見分ケ易キヤ、

文武官人、其品級ニ随テ、冠頂ヲ飾リ、朝衣補套（タウ）（官服ノ）ノ定制アリテ、少シモ混雑スルヿナシ、然レ氏常服ハ、官人平民共ニ替リナシ、但シ帽ノ上ニ、紅纓ニテ厚ク總（フサ）ヲ付タルヲ、緯帽ト云、貂鼠皮ニテ製シタルヲ、貂帽ト云、秀才監生（役人シ）以上是ヲ着ス、奴僕優人（芝居役者ノルイナリ）紗狐皮ヲ帽ヲ用、樂户水户、遊女宿（クツワノルイナリ）、黄鼠皮ヲ用、又ハ緑色緞ニテ、裏付タル帽ヲ着ス、其外官民共ニ、常服ハ差別ナシ、故ニ人品見分ケ難シ

官人自分ノ願訴訟ハ、其支配頭役ヱ申達スルヤ、

官人公用ニテ訴ルニハ、文書ヲ上司ニ達ス、若シ自家婚姻、銭債、田土、私事、爭論スル寸ハ、家人、或ハ子弟ヲ以、常人ノ如ク、地方官ニ訴シム、官府ノ掐ヲ用テ、公文ヲ行スルヿヲ許サス、

生業ノ品ニヨリテ、貴賤ノ次第アリヤ、

娼優、隷、卒ヲ、四賤民ト云、娼ハ遊女クツワノルイ也、優ハ芝居役者ノルイ也、卒ハ走差奴僕ノルイ也、隷ハ衛門ニテ罪人ヲ取扱者也、其外ニ人ノ頭髮ヲ剃ル者ヲ、剃頭ト云、人ノ踵跟ヲ磨シ、足ノ爪甲ヲ剪ル者ヲ、修脚ト云、是等ハ至テ下賤ノ生業也、

乞食穢多ノルイアリヤ、風儀常ノ人ニカワルヤ、

○譬ヘハ金銀所持スル者ニテモ皆綿服ニテ衣帽圧ニ綿類ヲ着ス

○自乞食ノルイナルヿ紛レナシ、

乞食ヲ化子ト云、頭ヲ甲頭ト云、又丐頭ト云、手下ノ化子ヲ支配ス、若シ罪ヲ犯ス者アレハ、常人ト同シ、又罪人ノ太刀取スル者、劊子手ト云、下賤ノ者ト云圧、公儀ヨリ給分アリ、風儀ノヿ丐食ハ、皆藍縷ヲ着スヿナシ途中ニテ人行逢時ハ、必路ヲヨケテ傍ニ片ヨル。

幾歳ヨリ髪ヲスルヤ、鬚ハ幾歳ヨリスラサルヤ、大家ノ子ハ、十六歳ヨリ髪ヲスル、留辮ニテ、頭ノ中央ニ髪ヲマルクスリノコシ三ツ組ニス、是ヲ辮髪ト云 帽ヲ着セシム、学ニ進テ秀才トナル時、鬚ヲ留テスラズ、小家ノ人子ハ、其歳ノ限リナシ、

何書ニテモ、板行シ出スヿハ、府ヘ訴ヘ吟味ヲ受ルヤ、聖経賢傳、或ハ自分ノ述作ノ詩文ヲ、板行スルヿハ、訴ニ及ハズ、其外雑書ノ新刻スルヿハ、官府ヘ訴ヘ吟味

ヲ受ル也、朝政ヲ假託嘲哢セシ、小說等ノ書、妖書淫書ヲ刻スルヿヲ禁ス、

總督、并所々官人北京ニ出ル留守ノ間、役所取計ヒ、代役有ヤ、總テ、西人、何ケ年目ニ、北京エ参向有ヤ、

外省ノ官人、自己ニ帝都ハ朝覲スルノ定限ナシ、若シ故ハ有テ召ルヽ時、北京ニ行ク、或ハ病、或ハ喪ニ逢テ、奏聞ヲヘテ、古郷ハ帰ルヿアリ、其留守ノ間、役所ノヿ、總督ノ事務ハ、巡撫ヨリ兼子、巡撫ノ事務ハ、總督ヨリ兼子、知府ノ跡ハ、同知ヨリ兼、知縣ノ跡ハ、縣丞、或知府、衙門ノ佐職ヨリ兼ル、其餘ハ準シ知ルヘシ、

宰相、其外大臣ノ宅エ、諸官人参リテ、公用ヲ伺フヤ、

ハ人家ニ招ルヽ者モアリ、

古代帝王ノ廟陵、修覆等アリテ、潰サズ、寄附ノ地有ヤ。

當代マテ有来ル分ハ、年々修覆ス、地ヲ寄附セラルヽ事ハナシ、

温泉ニ湯治メ、療治スル者アリヤ、

所々ニ湯治スル者多シ、北京、順天府ニ一所アリ、四時ニ入浴ノ者多シ、尊化州ニ一所、順徳府ニ一所、宣化府ニ両所アリ、山西、汾州府、孝義縣ノ高唐山ニアリ、雲南ノ雲南府、寉慶府、新化州三ケ所ニアリ、陝西ノ西安府臨潼縣ニ唐ノ驪山下華清宮ト云シトナリ、

北京其外、村里、地子銀出スヤ、諸所ヘ出ス處モ有、一定ナラス、大抵明朝ノ舊例ニ依レリ、

借金銀家屋鋪田地、書入質物等、利息ノ事、

家園田地ヲ、質物ニ出シ、銀ヲカル時ハ、曲産トテ、其家屋鋪ノ宿賃等、或ハ田地ノ物成リ作徳ヲ、借銀ノ利息ニ取テ、銀ニハ利息ヲカケス、若シ手形証文、又ハ人請合等ニテ、銀ヲカス時ハ、利息ヲ掛ル、或ハ二分半或ハ二分ナリ、

所々名所遊處大ガ方ノ事、

直隷諸省、名山勝地、其限リナク、一々ニ書キ載セ難シ、中ニモ、江南ノ虎岳、浙江ノ天目山、西湖等、

郷

常ニ遊行スル者多シ、
寺社民家、作事ノ節ハ官所ヘ届ルヤ、家作ハ
事、制限アリヤ、
閭里ノ孔廟、龍虎山ノ天師府ノ類ハ、朝廷ヨリ修造
ナリ、其餘ノ寺社、民家、銘々勝手次第也、又官府衙
門ニハ、屋上ニ、獣類ヲ置ク、三品以上ノ大官ハ、獣頭ニ
風車ヲ置ク、又门前石獅子一對、又ハ石鼓一對ヲ
置ク、民家ニハナシ、其外ノ家ハ、絶テ差別ナシ、其
故ニ士農商ノ替リ不見ヘ、郷村ニハ茅屋多シ、士官
ノ家ニハ、楼門ヲ立、門前ニ旗竿ヲ立、八字牆門ト云
ヲ立、文魁進士ナト云額ヲ揚ク、農商ハナラス、照牆
门ト云テ、大門ノ向ニ、錬屏ヲ立、其外、石獅牌、樓頭门、

儀門、三門ナト、云ヲ作ル、農商ハナラス、

市中賣物、看板ノ事、

商居ノ看板ヲ、招牌ト云、大ナル木札ノ正中ニ、賣物ノ品ヲ大字ニ書、又ハ風流ノ彫物、聯對等ヲ掛ク、又諸器、帽衣、革履、木履等ハ、其形ヲ画テ、掛クルモアリ、

下官途中ニテ、高官ノ人逢フ時、下馬下乗スルヤ、

諸王、宗室、公主以下、大小官員、軍民等ニ至ル迄、下馬下乗定礼ナリ、廻避儀ト云、少シニテモ其式ニ違フヲ許サス、其品級少差ヘハ、道ヲ譲テ旁ニ行ク、其次ハ馬手綱ヲ引キシメ、身ヲ側テ旁ニ立

テ、行キ過クルヲ待ツ、又官人勅使ヲ奉メ、出行ニハ、諸王大臣ニ逢テモ、下馬スル事ナシ、

北京城諸、省ニ、下馬札ヲ立ルヤ、

北京諸省ノ品級ニ隨テ、下馬下乗ノ遠近アリ、一同、下馬下乗札ハナシ、

森林、高山ナトニ、魔所ト云習ハシタル處アリヤ、

山谷ニ山魈アリト云習シタル處甚多シ、樵夫道ニ迷ヒ、終ニ行方ヲ不知モ有リ、又一二年ヲ越テ、正氣ナク路中ニ迷ヒ居處エ連帰ルモ有リ、諸処遠境ヲ廻リタルナト、覚ヘ語モアリ、然レ氏、目前ニ山魈ノ形ヲ見タルモノナシ、又其事有マシナト疑

ヘキニモ非ル故、諸人恐テ其地ニ近ツク丁ナシ、又
類容林アル處ニハ、木客有ト云、其状人ニ似テ、
能変化スル、人ヲ見テ忽逃去ルト云、

狐付アリヤ、同ハカサル丶丁アリヤ、マヅナイ。
祈禱ニテ去ル丁アルヤ、

狐狸ノ妖魅ヲナス丁多シ、北京山西陝西ニ甚
多シ、艶女美少人ノ容貌ニ変シ、人ヲタブラカ
ス、又ハ人ニツク丁アリ、通家張顚派ノ、法術ニ
テマナナイ、祈禱ニテ、邪気ヲ驅逐鎮壓ス、

天狗ト云説アリヤ

山海経ヲ考ルニ、陰山ニ天狗有、其貌貍ノ如、
白首ニメ声猫ノ如ク、蛇ヲ食フト云ㇳ、日本ノ天

狗ノ説ト異リ、何レノ世ノ丁ニカ、江南ニ山魈アリテ、人ヲ悩ス、知縣官豪俠ノ人ニテ、是ヲ禦キ止[illegible]メ、大勢ヲ催シ山中ニ呂鉄炮ヲ発ス、或ハ手答セシカ氏、目ニ遮ル者ナシ、其後、此山ニ絶テ山魈ノ所為ナシ、数年ヲヘテ、知縣ノ門ニ、道士来テ、知縣ニ見ル、言語動止、甚伶利ニメ、向答流水ノ如シ、道士、長ニ三寸ノ小猿ヲ玩興ス、此猿、種々ノ戯藝ヲナセリ、知縣モコレニ見トレテ居タリシニ、道士モシ此ヲ断望ナラハ、進スヘシト云、知縣此猿ヲモラヘタリ、夫ヨリ知縣、此猿ヲ玩愛セシニ、俄ニ大虎ニ化メ、衙門ノ内ヲ蹂躪ス、諸人驚キ周章ス、傷ヲ蒙ル者多シ、兎角メ、虎ヲ門外ニ追出スニ、其行方ヲ

知ラス、此怪先年ノ祟ナルヘシト云、

陰火、モユル事アリヤ、

山野墳墓ノ邊、何海岸堤ノ上リ、又ハ古戰場等ニ、燐火モユル處多シ、又鬼魅ノ精、怪亡ノ人ノ寃魄ナトヽ云モ、皆陰火ナリ、

火葬スルヿアリヤ

佛書ニ是ヲ荼毘ト云、僧俗𪜈ニ、其人ノ望ニ依テ、火葬スルヿアリ、

火災ヲ、防クヿアリヤ、

各所ニ救火ノ道具ヲ貯テ、水龍、水桶、水箭、皆水道具ニテ救フ其外撓鉤蔴塔火攙等、其時ニ隨テ用ルナリ、

旅行人馬ノ通用、問屋休泊、馬駕籠ノ賃銀、
并川済シ歩渡リノ事、
往還ノ本道ヲ官路ト云、又大路ト云、日本ノ如ク、乗掛ニ乗ルヿナシ、鞍ヲ置、又ハ鞍ノ両服ニ、馬包箱トテ、革ニテ作リタル、柳コリノ如クナルモノヲ付ルヿアリ、日本ノアブ付ニ似タリ、鞍ノ居木、先キノ前後、四所ニ、梢縄トテ、革級ヲ付ルヿアリ、是ハ馬包箱ヲ、捆リ付ル為也、轎ハ椅子ノ如キ物ニ、四本柱ヲ立テ、屋子ヲ付ル、腰ヲカケテ、前後ヲ二人ニテ擔ヒ、擡ル也、尤飾リハ種々ノ製有、轎夫一日ノ賃銀二匁、馬夫銀一匁、泊二匁、飯一膳三分、毎碗五厘、宿飯ノ三分ヨリ五分迄、往来ノ

人多通ル處ハ、萬ツ高直ナリ、川越ノ事、日本ノ如キハナシ、皆船渡シ也、尤公義ヨリ定置ノ関津ハ格別ナリ、其外ハ川ノ浅瀬ヲ心次第ニ渡ル也、

海陸盗賊ノ事、

海陸盗ノ類甚多シ、響馬盗トテ、同類数人弓矢軍器ヲ携ヘテ、晝道路ニテ、旅人ヲ見カケ矢ヲ発ツ、此矢強クヒヽク様ニ拵ヘ、旅人此矢音ヲ聞、響馬盗ナル事ヲ知リ、急キ馬ヲ下リ、荷物ヲ捨テ逃レ去ル、其跡ヨリ、財物ヲ心ノマヽニ奪ヒ、命ヲ助ク若シ旅人ハ其處ヲ遁レ去ラス、又馬ヲ下ザル時ハ、射殺メ、財物ヲ搶去ル、又大勢組合テ、夜中ハ松明ヲフリ、小村、或ハ三四軒人遠キ家ニ押入奸盗

稠密

ヲナシ、居民ヲ殺、人家ニ火ヲ発ツ等ノ盗人有、又海
賊同類数多アリ、往来ノ船ヲ遮リ留メ、又ハ船ヲ
押シ乗リ、旅人ヲ殺、荷物ヲ奪ヒ取、是等ハ大
盗人ナリ、又小盗ニモ、独通ル旅人ヲ、物陰ヨリ走
出テ、打擲シ、声ヲカケテ呼リヨトシテ、盗ヲナス
了アリ、又常ノ人、道連ノ如ク、旅人ニ近寄リ、物語
ナトヲシ、毒薬ヲ調合セシ、線香ヲ焼テ盗人ハ口中
ニ毒ヲ解スル薬水ヲ含テ、其烟ヲ旅人ニ嗅ス其
人昏悶シ、夢ノ如クナル時、財物ヲ奪ヒ、又ハ毒薬
ヲ粉ニシ、密ニ酒茶ノ中ニ入、旅人ニ飲セ、酔困スル
時、財物ヲ奪、或ハ独旅人宿ヲカシ、一間ニ寝サ
セ、置キ、四方ヲ稠ク圍ミ、一ヶ所ヨリ、烟ヲ入フスベテ

ムセ殺スヿアリ又ハ渡守ニ人通ル旅人ヲ舩中ニテ水ニ推シ沈メ溺殺シ財物ヲ奪フ又諸人見物群集ノ場ニテ盗人掌中ニ錢ヲ磨シ刄ヲ立テ切レ物ニヲ行違フ時人ノ腰付懷中ノ包物ノ級ヲ切掠メ取モアリ右大盗小盗トモニ罪ノ軽重ニヨリテ罪科セラルヽナリ

口才ノ働ク山師ノ如キモノアリヤ

常ニ辨舌叶ヒテ人ヲ詐諞シ種々ノ陰悪ヲ巧ム類ノ者ヲ光棍ト云又訴訟スル者ニ頼マレ其事状ヲ顛倒増減シテ告訴ノ仕方ヲ教唆シ文書ホヲ捜写メ理ヲ非ニ枉ケ非ヲ理ニ勝タシムルノ手談ヲ巧ム者ヲ訟師ト云甚多シ

諞 巧言也

カタリヲ以テ、物ヲ取ル者アリヤ、
人ヲカタリ、誆騙スル者ヲ拐子ト云、又白撞ト云、其詐謀逐一ニ述難シ、故ニ俗語ニ小人巧計、知過君子ニト云ヘリ、
土地ニヨリ、他所ニナキ病アリヤ、
山東ニハ、婦女癭項ノ者多シ、頭強リ、粗大ニメ、柱如シ、廣東ニハ、痲风ノ者多シ、他ニハ是等ノ病少シ、
疱瘡セサル、處アリヤ、
山西大原府ノ、土御堡ト云處ニハ、小児痘瘡ヲセズト云ヘリ、
上海乍浦、寧波陀山ヨリ、長崎迄道程實ニハ

何程可有ル

夥ヲヒタヽシト訓スル時ハ楚之言也

船海ノ時船中ニ、夥長、舵工数年ノ積功ヲ以テ、方向、更数ヲ考ヘ、各處ニ往来スルナリ、更トハ、唐里六十里、日本路ニメ、七里有奇ノ道程ナリ、是ハ順風ノ時、一晝夜ヲ行ク、直路六百里ナルヲ以テ、此十分一、六十里ヲ更ト定ム、上海三十二更、日本路二百二十五里、乍浦三十七更、日本二百六十里、寧波四十二更、日本二百九十六里、普陀山四十更、日本二百八十二里、

普陀山ハ福州金山寺也

右ハ無事ノ更数ナリ、十度ニ一度モ其直路ヲ乗渡スヿナシ、凡海上ニテ、逆風ニテ吹戻サレ、横風ニハ斜ニ漂ヒ、其船路、迂曲ニナル故ニ、直路百里ノ所ナ、二百里、又ハ三百里モ、漂流スルヿアリ、然ルニ、夥長舵工ハ、航海ノ準則ヲ考ヘ、遂ニハ志ス所ニ至ルナリ

ヒ船中ノ者、或ハ遠ク、或ハ近シト覺ル𪜈、無益ノ事ニ〆、海
路ノ里数ハ、証據トスヘキノ理ナキナリ、
人ノ名ノ字、日本ノ如ク、反切〆用ルヤ、又不吉ノ字ヲ
忌ヤ、
名ヲ反切〆付事全クナシ、又當今帝、先帝ノ諱ノ字、
臣民𪜈ニ取事ヲ不許レ、又不吉ノ字ハ、諸人共ニ忌避
テ不用、タトヒ字意ニ忌事ナク𪜈、不吉ノ声韻ニ通ル
字ヲ用ル事ナシ、三年ニ一度ツヽ、科挙ノ試義アリテ、
士ヲ選ルヽ事アリ、若シ即位改元等ノ賀義アレハ、
臨時ノ開科アル也、特恩ト云ニ、期ニ至テ、主考官試
文ノ内、字句典雅ニ〆、ヨク其式ニ合シ篇ヲ、次第ニ
選ヒ出シ、第一ノ文ヲ讀上ルトキ、先姓名ヲ見ルニ、柯璉

ト云者アリ、此字可憐ニ通スル韻有ル故、賀慶
ノ時不吉ナリトテ取上ケス、其次ノ試文ヲ見ルニ、
壽
三四段下ニ、王萬ト云姓名ノ文アリ、是賀義相應
ナリトテ、是ヲ第一ニ挙セラレシヿアリ、

名ノ字ヲ付ニ定式アリヤ、勝手次第ナリヤ、
是思付次第ナリ、然圧、家々ニ經傳ノ語字一句、
或二句、詩ノ句等ヲ通リ字ニスルヿアリ、タトヘハ、
學而時習之ト云字ヲ通字ニスル寸ハ、父ハ学ノ
字、子ハ而ノ字、孫ハ時字ヲ通リ字トシ、下ノ字ハ
思付次第ナリ、

名字ニテ、尊卑アル様ニ聞ユルヿアリヤ、
阿三、阿四、進貴、進福等ノ類ハ、賤者ノ名ニハ自然

ト、上輩ノ者ハツカヌナリ、

切支丹宗、禁セラルヽヤ、

天主耶蘇教ト云ハ、即キリシタンナリ、堅ク制禁也、其外、洪陽教、無為教、白蓮教ノ類多シ、佯テ、善事ヲナスモ、人民ヲ煽惑シ、風俗ヲ敗壊スル教法ナリ、異教皆々禁制也、

人相書ニテ、尋ルヿアリヤ、

凡犯科ノ者、欠落スル寸ハ、小罪ハ、諸處ニ文書ヲ行テ尋シム、大罪ハ、形像ヲ書テ、編ク尋シム、

縁組、養子ハ、願上テ免許アリヤ、

大小官員、軍民人等、縁組養子公義ニ申上ルヿ全クナシ、宗室ノ之女ハ、嫡庶、名、封、生、卒、婚、嫁等ノヿハ、

宗人府、衛門ニ詳ニ冊籍ニ認シ、若シ異姓ノ子ヲ撫養シ、隠謀スル事アル時ハ、在府ノ官人、重罪ニ行ルヽナリ、

大船ヲ作リ、又ハ所持スル事、勝手次第ナリヤ、

小船ハ勝手次第ナリ、二百石以上ノ大船ヲ造ル時、官所ニ訴ヘテ、運上ヲ出シ、何省、何府、何縣、何字号ノ、船ナルヨシヲ、船ノ腰ニ書記ス、但シ船數ノ増減ハ、カマイナキ也、

小說、書目ノ事、

石點頭、八本、　觀喜寃家、六本、　說唐後傳、八本、

三國志、六本、　西遊記、六本、　繡榻野史、四本、

肉蒲團、四、　夢月樓、六、　引鳳簫、四、
玉史磯、四、　錦香亭、四、　金雲翹、四、
養花天、四、　五鳳吟、四、　蝴蝶媒、四、
巧聯珠、四、

附録

清朝之事、

清ハ即今ノ唐土ノ号ナリ、天子ノ本國、韃子ナル、故、明朝之風俗ヲ革ム、但シ二京十三道ナリ、文字學、経史學ノ法ハ[illegible]代ニ従フ。

高祖、名、奴児哈赤トヱヘリ、李自成カ乱ニ乗メ中國ニ入リ、即位ス、未聞称姓、中國ニ入テ以後、或人百家姓一本ヲ示メ、姓ヲ定メ玉ヘトヱ、其首ノ姓字ニ指サスソレヨリ趙姓トス、

太祖、名、老罡

世祖、名、臨、在位十年、称順治、年十八 是ヨリ一帝一年号ナリ、順治元年、我朝之正保元年、甲申ニ當ル、

聖祖、名、玄曄、雄才大畧、天下大ニ治ル、在位六十年、称康熙、六十一年 壽六十九、崩、遼東ニ葬ル、康熙元年、日本寛文二年、壬寅

遼東ハ朝鮮也

ニ當ル、

雍正帝、名胤禎聖祖ノ第四子ナリ、初メ晋王ニ封セラル、在位十三年、称ス雍正ト、壽五十八、

乾隆帝、名弘暦、雍正帝ノ第四子也、

康熈帝座右ノ聯ノ事、

聖祖仁皇帝ノ聯ニ枚アリ、其一ニ曰日月燈江海油風雷鼓板、天地大一番戯場、其二ニ曰、尭舜ハ旦、湯武ハ末、莽操ハ丑浄、古今来許多脚色、脚色ハ犯言ノ仕組ヲ云フナリ、

一ニ作風雷放伎天地間一大戯場

小説書、

明圖像三、　醉菩提、四、　行世鴻勲、四、　終須夢、四、

麟兒報、四、　桃花影、四、　帰運夢、四、　女開料、四、

鳳簫媒三 八回 天 古今談辛 留書全集三十

[illegible]

新潟新繁昌記

新潟新繁昌記

（清）王治本 編著

據日本明治抄本影印

新潟新繁昌記序

甲申歲、余游中土、客慈溪、得王泰園書、曰、方滯新潟、所得詩文頗多、余復書曰、中土、山而萬華、水而江河、非下邦蕞尔瀛島之比、未知吾游所得、与吾兄所得孰多少矣、今茲戊子春、游新潟、見泰園所撰新繁昌記、笑曰、比泰園書中所得頗多者、取而閱之、其書分地理風俗水利学校病院等十五门、該而能盡、簡而能核、使人一覧領全港之梗槩矣、夫新潟為北陸大港、而其地產名人、片山北海巻菱湖吳俊明、皆名當時、而未聞有一書記此地者、如鵬齋文子貫名海屋鴨崖兄弟、皆游此地、又皆無一著、唯寺門靜軒有冨史記酒肆妓館之盛、此徒敗風俗者、其能紀全港梗槩、以供世徵新潟沿革之用者、独有黍園此著而已、黍園以海外游客、能紀全港梗槩、以供後徵沿革者、此在黍園、大為可勝、而在邦人、未為潟也、柳余游中土、有遊記十巻游草二巻自許不甚負此壯游也、而病歸以後、不

出年餘、黍園既已西歸、將一見示此二著、以話當日之事、而不可復得、偶對此書、懷壯、遂書爲序、

明治戊子長夏日撰　　岡千仞

新潟小志序

余嘗謂文士筆端有縮地術、讀歐陽修醉翁亭記、則如入徐州山谷、讀蘇軾赤壁賦、則如遊黃州赤壁、是皆仙筆也、縮地術豈獨費長房所專哉、清國王黍園先生来我邦来京久矣、去歲癸未夏遊北越新潟、至今冬迺還、一日惠然見臨、出書一卷於袖中、眎余曰、請子序之、余受而見之、題曰新潟小志、凡十五篇、曰地輿、曰風俗、曰水利、曰街市、曰沿革、曰佛寺、曰学校、曰神社、曰醫院、曰南叢、曰游房、曰先民、曰流覽、曰語館、曰妓樓、劉覽已畢、慨然嘆曰、嗚乎北越余之鄉國也、辭焉而在吏者、三十餘年矣、其地情景、每往來胸中、今讀此書、則世遷物換、昔有而今無者有之、昔無而今有者有之、詳悉明晰、恍如履其地、而親見之、使余不歸坐而歸、知其地之情景、此豈非筆端有縮地術耶、且其文字雄快、亦有歐蘇筆致、而觀先採風之識、尤可尚也、不独余受賜、凡讀此書者所獲亦不多矣、豈小志之云耶、

明治十七年十二月除夕撰于青天白日樓中

日本　蒲生重章

子閣久駐文旆於大都，而其著述之富，裒然成帙，真為北越添光耀者，此志所以不可無子閣之序。

乙酉一月　春山小山朝弘拜觀

題詩

八百八橋春水綠、橋上女兒美於玉、万里雲濤鸚鵡舟、三更燈火梅花曲、誰是三吳第一流、桑園老子乘槎遊、新著一編志風物、天涯地角久淹留、彩毫朝映扶桑日、鳴鶴夕橫彦岳秋、君不見徐福當年探蓬島、絕海空索長生草、

明治甲申冬月

日本省軒亀谷行拜觀稿

新潟新繁昌記

淛東　王治本泰園甫著

黎亭曰学韓退之送李愿帰盤谷序規異袪同妙々

地輿

新潟全區、經橫五六里、里程一東南東北、信川環繞、西南西北、抱大海、舟舶往來內海外洋、計日可達、正西皆砂山、正南直接大陸、為通行三條長岡要道、地勢東西狹小、南北寬長、如舟形、故舊稱舟江、或曰、以其地瀕海、謂之舟江、按潟為鹵亦地、亦輿瀉同、是以新瀉亦名新作、其為奧塩蜃蛤之鄉可知矣、薄傳有寬洪三手地圖、距今八百年、形迹約略、沙岸瀰漫、且圖中載古瀉板島等地、今皆不可考、所謂幸田衾海、有足概焉、又一圖為正保二年製、又一圖為延宝八年製、又一圖無年代、大約三圖皆在二三百年前、隨時模寫、故詳略不同、以視今之沙手地廣、迴非昔比、古語曰、人民聚而地脈開、生氣足、而海岸手詢不誣也、觀夫江潮風順、帆影雲連、車馬奔馳、樓臺烟鎖、

又曰筆端有縮地術

又曰文亦雄壯

海於平濶、可耕可漁、土壤膏腴、宜農宜圃、此其地輿之富饒也、若夫弥岳角岫、海上叟排疊々如闘鎖也、粟島佐島、波間迤峙、遠々如犄角也、巫海濤聲、湊騰欲接、羽山樹色、隱約相連、藉加能以作輔車、憑信上以通門戶、長流中斷、手野橫鋪、此其地輿之雄壯也、

石川鴻齋曰、輪廓已成、五色方彩、正是画家渲染之法、千里江山、縮入片紙之中、何等

筆才、
亀石有軒曰、
考古徴今、徐々閑句、至末振筆奔騰、
濃淡有法、

風俗

裴亭田白堅
譯渇未

居山則人静、居水則人動、地廣則俗美、地偏則俗陋、此風俗人心之大較也、新潟民居瀕海、性柔弱、撲而無文、士女相謔、久民浴曼之風、愚陋自安、不習詩書之教、其富者好奢靡、貧者亦多游惰、士人有語云、讀書者愚、守財者癡、其陋習可想見矣、新潟地屬北北、陰〻、故生育多女、世俗父母亦愛養女子、以其柔順能得親心、在貪者亦易以渇財、長恨歌有云、遂令天下父毋心、不產生男產生女、可爲新澳謫之矣、舊俗尤競尚燈節、攷唐宋時、中元亦張燈、唐開元時、中元京師張燈、宋太平興國時、令十月下元張燈如中元例或者其詔於此乎、唯此地則以七月朔全（至）七夕、每家製一大燈輪、爭奇鬭巧、高一二丈、所竹爲脚、夜燃美燭數人舉燈以行、左右擔鼓作聲、富室子女、多衣綺羅、耀珠翠、貪（貧）者亦抹脂塗粉、爭誇艷粧、偕兄攜妹、咸於燈輪下逐隊游行、一時燭影歌喧、鬧如同白晝、各家亦復結彩張筵以觴游客、浴陽影

燈記其相勝詞曰千影萬影從亦如是歟又曰情景宛些

燈節既罷後行盆節中元三夜士女老大咸衣新衣狂歌酬舞盡態極妍比爰携妓彼喜載酒誠有暗香隨馬明月逐人之盛森春髯竹枝詞云被人夸艷舊風依盆節踏歌星節燈頗能紀其實事方今新政專隆講學勸農教化所施陋風漸革子弟入學女徒習工聖人所謂既庶加富既富加教移風易俗是在良有司也

石川鴻齋曰

愚陋自安一隅、正中越俗情弊、自來狀風土者、言不及此、先生一言道破、可謂眼光如炬矣、

毫右有軒曰、豔思綺筆、寫凄清之趣、一結警醒、曲終奏雅、

水利

川流之大者曰信濃川，其源有二，一出金峰山，一出燒岳，至川中島滙合為一，曲折數百里，日里程九十六里浩蕩汹湧，注於越海，稱舊八千八水，不可得而指名，大略言其流之廣且眾也，古詩云，銀海三千尺，縱亦如是焉，焉縱間縱開河渠，對引川水，分直河者三，曰東堀川，曰西堀川，曰他门川，其餘曰博物館前川，曰他门內川，曰鮮川，則為直河之支流也，分橫河者十九，唯壹番堀，二番堀，三畫堰、四畫堰、五畫堰爲大、其餘皆河之支流也、至河渠之形、髣髴似畫井田、一縱一橫、自成界限、蓋渠多則川流所至、舟楫咸通、且飲食所需取汲良便、亦足見曩時經始者之苦心焉、橋梁之多、舊云七十四橋、每政間靜軒著富史所記不過如是、安政迄今、僅二十餘年、而隨時添築、一堰或三四橋或五六橋、積成壹百九十三橋、白居易詩云、綠浪東西南北路、紅欄三百九十橋、可以借証矣、所處港口一帶、川流欵下海浪忽来、比衝彼擊、驚濤湧起、舟行最爲危險、港口左右、又多暗礁岩砂、故每年十月之交、北風一起、海船不通、待春三月、方可放行、以致商貨滞積、行旅苦之、聞能事者近有築港之議、疏淤排浪、避險就深、誠美挙也、行將拭目以觀厥成焉、

蒲生褧亭曰、

余年十七八、下而到新潟、舟中有詩、其危險與髙文所述同、因録以博粲、

舟行山水行、當眼秀峰嵯峨去沙無

影、魚跳水有聲、岸崩絕壁立、波怒迅雷裏、胡為來此處、一氣若毛輕、

石川鴻齋曰、叙中借詩取証、與尋常紀文異、

龜谷省軒曰、亦是經世文章、不可等閑看過、

街市

栗亭曰形容妙

街市之設、以河渠為經緯、大譜縱三橫五、其形勢如水上伏龜、南向為山社、状如伸首吸水、比為舟見町、状如或尾、泥塗、東為上大川前通、下大川前通、堀伏江岸、則龜腰也、西為旭日町、西中通、地形高突、則龜背也、中央本町通、古町通、東堀通、西堀通、上肉平堀、街廛盛密、則為龜背之中脊也、合而計之、其称町者七十一、称通者十有九、称称町通者十有五、称堀者十有六、称村者

一、全町段称十一路青三十一、横料錯雜、鏈列基布、則皆為亀上細紋也、至分街之始、年代不可復考、惟明曆二年新潟地帖子、有科明町、十六軒町、十七軒町、十四軒町、洲崎町、佐兵衛新田、鍛冶町、片原通等名、至今多已段稱、而分街知斷在明曆以前、若夫自山社本関屋村東、慶應元年始遷今地、底島開於弘化三年、濱浦開於弘化四年、旭町開於嘉永四年、名曰朝日村、亦稱旭臺、維新以來頻加修繕、填砂石、除垢污、

鑿溝通流、傍堤植木、更訂町目、標示里程、斯居者安之、行者便之也、而市廛始末形狀之大略、於此可見矣、

石川鴻齋曰、

市街以一毫取譬、形容極妙、

裴亭曰該博
可驚

沿革

新潟僻在北海，文獻寂々，古欽有間焉。按上世越前以北，總称高志國，厥後分前中後為三越。延曆十七年，賜朝臣內親王越後田若干，寔為分封之始。寛弘長和間，平維茂為鎮守府將軍，食邑頸城郡，其子繁茂任秋田城介，遂称城氏，相傳數世，文治初年，城義資為源頼朝所敗，歸降源氏。足利氏時，上杉憲顯為守護，世襲其職，豊臣氏起，徙上杉景勝於會津，封堀秀治於春日山、村上義明於本莊、溝口秀勝於新發田、德川氏始割長岡村上高田等處、以封諸藩、新瀉爲牧野駿河守所領、如是者往二百六十餘年、天保時、乃置新瀉奉行、迨明治維新、改革藩政、初置民政局、尋改市政局、二年正月、廢市政局、置越後府、未幾改稱新瀉府、統轄越後佐渡二國、三月移府於水原、復稱越後府、而以新瀉爲縣、八月改水原爲縣、改新瀉爲局、三年三月廢水原縣、復新瀉縣、其間或割越後平、置柏崎縣、或割佐渡、置相川縣、至六年而柏崎縣廢、九年而相川縣廢、乃併屬新潟縣、蓋新潟自古皆屬附轄、未嘗建治設官、今則合國中七郡、佐州全島歸轄一縣、且以新潟為海商互市之場、與長崎神戶横濱函館同、故海舶遠來、行商畢集、日繁月盛、其視縣事者、為三條西知事、末義為平松縣令、末義為楠本縣令、唯永山縣令明治七年至今、視事最久、得民心、知其華故興新、素遠惠通者、亦有道也、余海外游客、亦樂聽

又曰永山縣令直繩吳中巨擘為我越武賀又傳其人也

載道之頌聲焉、

石川鴻齋曰、

越自謙信氏以武起、天下畏越、如雷電鬼神、盖其崛強獷悍之氣、薰染人心、上下爲風也、維新以來、宇内一變、海禁宏開、海外万里之客、得以傍歷山水、深尋勝景、如斯著作、不成於越人而成於華人、盖亦異數也、

龜石宥軒曰、

上下二千年、諸華與虞、歷々如掌紋、

非才備三長者不能作之、

佛寺

日邦寺院、以得檀越衆者為盛、多則一寺近千戶、少亦數百戶、或數十戶、寺外餘地、即為檀越墓場、香火之資、皆出自檀越布施、就寺僧言、則為檀越脩冥福、就檀越言、實傭寺僧以守廬墓也、此與我邦佛寺、廻

聚亭曰彼此異同亦看意

不相類焉、在新潟佛教尤盛、禪林梵舍、自成一坊、溯其建造之始、泉性寺在壽永元年、淨光寺在承久三年、相傳為順德帝勅願、故森春髯竹枝詞有山門不獨存宸翰

更有先皇御製歌、蓋謂此也、其他年代未詳者、不可得而考、其可考者、遠則多在三四百年前、近則亦百數十年、合計其寺、凡三十有二、宗派之別有六、曰真宗東派、曰真宗西派、曰淨土宗、曰真言宗、曰日蓮宗、曰曹洞宗、二宗中最盛者為真宗、真宗中最盛者、東派為勝樂寺、真淨寺、西派為光林寺、至真宗法、食葷腥、畜妻孥、帶家修行、如世所謂火宅僧是也、若淨土真言日蓮曹洞四宗、其傳教雖非一致、要皆持戒絶戀、守清淨之風、忘虛無之旨、與真宗別分門戶、新潟之重此而不重彼、豈真宗之善提樹、獨能搖錢手、抑真宗之明鏡臺、真能燭幽手、此則余之所不解者也、

石川鴻齋曰、真宗之祖親鸞、以罪被流越後、其法流行、於是真言天台諸宗、大率為真宗、皆以此宅僧也、蓋親鸞之教、借釋氏為名、教誨愚民而已、實不關於梵典也、

學校

古者先王慮民之不知所學而流於邪僻也、於是設学校以教之、在國曰國学、在御曰御学、名擇其学古而先覺者、以同其教、日有所課、月有所試、以之育才、即以之選士、此先王之制也、後之為國者、雖各國其國其学或有不同、而要其所以教民以学而不使流於邪僻者、凡有國者無不皆然、日本新潟之興学、不知始於何時、其可知者、自弘化四年、就町會所内、創経学講義治、至明治二年、立新潟學校、又立英學校、七年立師範學校、八年乃就學校所新築英語學校師範學校、校屋製皆改式、崇棲高閣、粉壁玻窗、園中樹碧花紅、輝煌壯麗、十年合三校為一、係新潟學校、其外新潟校、寄所校、鏡渕校、西堀校、豐照校、洲崎校、皆為小學校也、修成學舍、朝倉校、啓進舍、不如學舍、懷力義塾、皆為私學校也、此學校創起之大略也、若其教學之科、有四、曰百工化學科、曰英語學科、曰中學科、日師範学講習科、司教之員有七、曰校長、曰教諭、曰助教諭、曰訓導、曰授業生、助手、曰私学教員生徒之等亦有四、曰学齢就学、曰学齢前就学、曰学齢後就学、曰私学生、至是教育之方、分科以習之、逐日以計之七日一休、一年兩試、怠者有罰、優等有賞、女徒則有女子師範学校、教法略與男徒同、此学校科程之大略也、觀夫維新興学以来、男生卒業得若干人、女生卒業得若干人、学術日精、人才日輩、従為和学、為

漢学、為美学、其学不一、務在造其所極、以各擅其所長、並為國家有用之才、斯不負建学之深意也、学者其勉旃之、

石川鴻齋曰、

中古學経典者、皆託於緇流、德川氏以来、諸儒始設黌舍、然尚不知今日盛也、越本尚武、其文学豈以比他國為稍晚、

龜石有軒曰、

方今上技之童日多、教化之盛非僕

前日之比古以武著今將以文稱也

甕亭曰、先生精于我邦古典如此

神祠

新潟神廟、多崇祀古先帝王、所以報萬年奠定之功、祈四海晏平之福、之神官教會之所、分神社事務之官、以崇祀典、以專職守、甚盛事也、學稽白山神社、（在公園西）奉菊理媛尊、伊弉諾尊、伊弉冉尊、三神、相傳其神主家室繁昌、神明宮、（一在古町通）奉天照大神、伊弉諾尊之子也、相傳其神主國祢靈長、愛宕神社、（一在古町通）秋葉神社、（一在古町通）並奉火產靈尊、伊弉冉尊之子也、相傳其神掌火改、故王火災消滅、住吉神社、一有三一在住吉所、一在海巴所、一在旧日和山達兎神社、在寄亜陸所奉底筒男尊、中筒男尊、表筒男尊三神、伊奘諾尊子也、相傳其神生海上、故在海陂乎請、底島神社、在北昆阝门所奉武甕槌尊、伊奘諾尊之子也、相傳其神多戰功、故王武枝精強、金刀比羅神社、一有三在附一舟在西所、一厩島所、一在寄所、奉大國主尊、掌德帝二神、今航海者多禱之、稻荷神社、有七一在廐山地、一在古一在大島、一在旭所、一在淺所通、一所通、在賁浦、一在稻荷所奉稻倉魂尊、今祈穀者多禱之、諏訪神社、在旭町奉武南方尊、相傳昔神抗拒天師、後自悔悟、今懺罪者多禱之、皇太子神社、在下大川前通奉聖德皇子、相傳昔神營宮室、今工業者多禱之、嗟乎、以上古之帝室、作後代之神明、就在世之功能、顯民生之呵護、自神視之、一飯一羹、猶是當年玉食、再拜再獻、固非昔日芸生、而在民之祀之者、不嫌其備、唯謁衷誠、俎豆以報之、鐘鼓以樂之、歌舞以頌之、每當誕期祭日、獻奚介壽、祈福求安、恍如疾痛病癢、呼救於君父之前、靈風肸蠁、無感不孚、懿歟休哉、何其威靈之赫而頌禱之隆也、哉、以視世之怪々奇々、奉十姨之屬、崇百金之祠、乞靈狐鬼、祈福石神者、罔不足同年語也、

又曰洵然々々

石川鴻齋曰、詳神名如讀上世之史、結末足以諷頑民、

龜石有軒曰、神明之胄、千古不替、君々臣々各正其位、是宇內之所絶無而希有、作者就祭

祀論其感矣可謂慧眼如炬、

鷲亭曰、漢洋各有長短、未可以概論也、而我邦有司亦好奇多洋医法、可謂僻矣

醫院

醫院之設、盛於歐州、極其醫法之精、雖穿胸換心破腹膏神、而不難、是即扁鵲華佗之遺術也、我邦以其法之奇而中庸也、人之死生大矣哉、奇固妙、奇尤多禍、故其法不盡傳、而歐人好奇獨盛行之、日拜醫学、舊與我邦同、維新以来、改而從歐、各縣各郷、皆設醫院、倣歐制也、新潟自明治元年八月始之、官軍病院、二年五月之施藥院及種痘院、九月施藥院止、三年四月之施病

院、初在昆沙門島、後移寺町通、文年七月、市中公立病院於醫学校町通、九年乃築新院、十年就同校中分設醫學院、擇医術術精者、聘為院長、其下医師若干人、後聘欧州医教師、[illegible]藥物皆用精水、診法多施器械、病者輕則来院、診察室、重則住院就医、已刻開院、申刻閉院、日以為例也、医学生院徒百數十人、或授以診治之術、或教以製藥之旨、或表示遺屍之骨、以驗陰陽、或剖割罪囚之骸、以証脈絡、学者能精而習之、體而行之、或外為医員、或出為醫師、皆其醫焉、他有避病之院、所以防時疫也、挨黴之院、所以察梅毒也、産婆教場所以慎生産也、合而觀之其保病之法、教医之術、不可謂不周且備矣、医院之外、又有医室、此善漢方、彼精洋法、医者各挟其能以施治、病者各從其好以求其道、固有並行而不悖者也、

石川鴻齋曰、

漢洋未可判優劣、病者各從所好、最

為妙法、

亀右有軒曰、

明疾病之因、晰藥石之理、是詳醫君、

是所以汲々設病院也、至能治其疾、

則不忍別漢洋、亦存其人耳、

聚亭曰，如讀史公貨殖傳

商業

新潟爲官山府海之鄉，水足漁塩，野饒粟菽，貿無遲有，海舶區通，運往迎來，陸車爭輸，萬國通商，爲五港之一，商業之盛可想見矣。米麥豆其大種也，一歲輸出不下四五十萬苞，約計價金壹萬百二三十萬。立米商會所，在西湊町以均一商情，復有米報社，在湊町通以布告時價，不作投機街價，與江戶大阪有別。今秋創設四縣米會場，山形石川富山新潟每縣長官，咸率豪農來會，各出佳種，以供博

又曰雜論

覽、當途詳其優等、給以賞金。勸業之中、即萬貴票之意、不亦布世之盛會乎、次則為茶、一歲輸出萬二三千個、約價金二三十萬、又次為海產、一歲所出、得價大約十二三萬之有鮮矣會社、（在本町通）其外若酒、若陶、若（漆、若）異品、物類浩繁、不遑頭計、至於貨幣流通、則有第四國立銀行、資本三十五萬円、（在東堀前通）又有積小社、（在上大川前通）輔成社、（在古町通）物產運載、陸行則有內國通運會社、（去張邪在西堀通）海行則有三菱會社。（又庄在磯町通）共同運

輸會社、（在錄町）北洋運漕會社、（在舩町）一切廻
舩問屋、以及保運送之踈虞者、則有保險社、
（在七大川前通）便行商之往來者、則有安全丸、三
吉丸、誠精丸、信川丸、進丸、亀田丸、主張貨
物、協謀商業者、則有物產會社、（在四湊町）北越
商會、（在大川前通）集議商務學習商法者、則有
北越興商會、（在磯町通）達四海之風聞報一時
之市況、則有新潟兩新聞社、（新潟新聞在医学町日々
新聞在東中通）此皆足以振興商業者也、若夫擁
貨待沽、日坐街肆、是謂笠實、往來賣買、実

非衣食兩行、主客之手、毋須貴賤二價、就其著名而約言之、紙類向藤井之家、在古町通寺井、綢地訪小林之屋、在本町通漆具宜售於寺井、在古町通陶器當買諸田邊、在本町通堀氏廛中、舶來物美、在本町通越中屋裡小間物尋、在本町通推諸街口花棚、橋頭萊中、錫簫賣去、餅曲歌來、均是經營、莫非生業、其詳有不遑枚舉焉。今年夏秋之交、建設勸商之館、共成博物之場、先後四家、羅陳百產、合作十餘商、店然大安賣、足以貿易、亦可游觀、貨聚而

價手、價手而售易、從此以后、不旦日進而
日盛也哉、
石川鴻齋曰、
越瀕於北海、最富魚塩、而土産之夥、
亦冠四隣、想勧商之館博物之場、亦
應不讓三都、文中用大安賣之字青
甚、
亀谷省軒曰、
居然大安賣五字、不妥雖宜改、大安
賣廉價販賣之稱、買之延著衒物之

術、非臣甯老買之所爲、故賞識勢之
不穩當、

游廓

柳州游永而著文、仲宣居荊而作賦、司馬遷浮沅湘涉汶泗、自古傳名、宗少文登衡岳、攀荊巫、于今著跡、故志乘並錄、寓公詩句多傳游客、由來尚矣、新潟之地、素著繁華、海外客來、棲中人醉、花明柳暗、艷情足擬、芳原水碧沙清、勝景繞如蓬島、名流畢集、韻士頻臨、所惜豕行蠅頭、壁塵脫辰、經年鴻爪雪印銷殘、不能無慨也、手其可知有者、亀田學士口傳二句佳吟、亀田鵬齋有唑者王森鳥

卧匧送晚冊二詩歸江戶癡人手著一編富史寺門靜軒
詩佛寄寫懷之詠大篷詩佛有寄柏如亭句湖翁作短
古之行小野湖山有新灣行短左篇夢到揚州如亭得
意柏亭如咏新灣有晏適場揚州留一夢句鐘傳古寺克葬留
題高檜克菴有咏鐘椿詩象山許好於小林佐久閒象山天
作中來附奉行小林氏及教見子松舊寄寓於出只青田松廬
曾寄寓出口氏家震誦隨師蹤而至小貫震庸隨湖山來游
綾瀨鐘文訴而來篷田綾瀨鴨商之子也松嵐之雜
咏僅傳錢木松嵐有新年雜咏海屋之題書已六海屋
工書君梅関菅井梅関工畫君雲泉釧雲泉畫家君杏所、

（之石者所工畫）若靄崖、（高久靄崖工畫）筆底烟霞、多歸雲散、曰笛浦、（野田笛浦儒子）曰丰山、（毛利丰山詩人）曰南嶺、（酒井南嶺儒學）曰三樹、（頼三樹詩人）酒間唱詠、盡付水流、嘆名墨之難留、幸盛名之尚在、唯其時近乃覺情真、鶴史則蓮葉千張、書編屏風之字、（日下部鳴鶴工書）春鬚則竹枝一曲、吟成椿月之詞、（春濤詩人）慣戰鐵槍、（青山鉄槍學士）筆掃千軍陳裏、授書黃石、游到百九橋頭、（岡本黄石詩人）松塘亦賦艷辭、（鱸松塘詩人）和亭（黄二）畫箋、（滝和亭工畫）此皆傑出、餘難遘書矣、若夫絶域旅人、異御海客乘槎遠到、載筆漫游、登嶂重崑、胡鵬雲之妙技、胡鐵梅工畫亦能詩尤長山水天香國色、吳仲圭之能才、吳丹擅能畫牡丹衛瓘吳謁書之筋、衛鑄生能書徐諕豈嫜、筆之謁、徐晏筆能紹傳夫禊帖、琴克縣綴夫鞆川筱侯琴仙皆予族弟侯爭臨池廿年青筆為一時之冠琴仙兼能畫同時來作君皆多藝我無片長、差幸同寄萍蹤、斯得黍附驥尾也已、

石川鴻齋曰、越為北洋名區、古今名士、遊者衆矣、近時海外文人、亦往來其地、作為詩

裴亭曰謙亦甚矣余謂云最輩游戲作者僅有詩賦而已未覩者如此書大備者也

文以傳不朽，想山靈水伯，亦應由此生色也。悵余未得盛節一游耳。

亀谷省軒曰：品藻前賢，叙列今人，看他換筆之妙。

鬈亭曰每篇起手超凡

先民

十步之内、非無芳草、十室之邑、必有忠信、無以紀之、則湮没不傳、爲可惜也、乃爲採輯遺聞、類而志之、明暦二年、自関屋村東、始從新作者、有齋藤氏、宍川氏、伊藤氏、宝永間自佐渡遷居者、有浦井氏、賣兵器、設市舗、其後以文学書画著者、曰片山北海、幼脩儒学、能詩、刻混沌社、一時聲名藉々、曰五十嵐穆翁、寶暦時、越大饑、傾資賑貧、無吝色、尤能詩工画、亀田鵬齋、志其墓、子

仲勉、從文學畫、能自去極桲、仲勉子竹洨
畫名最著、文政間遊事加州侯、穆翁孫又
有北汀樣堂、皆工畫、曰石等閑齋、畫集穆
翁相仍、仲天明中爲卿峯、頗得民心、曰岩
田洲尾、文化時、游江都、入古賀氏之門、曰
藤田愚、能詩、著有刪山集、曰廬島鶴皋、能
画、子如雲、孫愚奴、世傳六法、曰館樞卿、仕
幕府、詩名籍甚、著有株灣漢唱林園月令、
晚唐詩選等書、曰巻菱湖書、名最著、亦能
詩、曰田中克明、脩儒學、曰石川侃齋、好翰

墨、向文於鵬斎、學畫於雲良、由此名益盛、
寺門静軒、志其墓、子樵堂、善画花鳥、曰三
村雄之、好学能詩、曰白井華陽、從北汀學
画、著有画乘要畧、華陽爾方行、好讀論語、
能書、方行子時中、能家学、又有白井和齋仕
幕府、為近侍、嘗奉命作題孔明草廬文為
世所傳誦、曰柘浦氷碧、好儒學工書、至以
國歌傳者、有玉木勝良、以誹句称者、有此
村鑑亭、長野鷺洲、以医学著者、有鏡淵田
應、小島壽伯門人也、善内外科、有中川良

庵、善漢方、諸人甚衆、有阿部讓道、漢洋兼施、治術妙、以算学名者、有龜井律平、得百川氏遺法、乘除簡捷、人争習之、号龜井算、若以義行重者、天明時有诵井英敏、称庄五郎、為排解郷難獲禍、時有連坐者、為須藤規方、賀野左衛门、其他在僧人、能詩、有四勢、著有聽松庵遺稿、念佛百詠、新縣存詞、能画有可孝、能書有興雲、有燕尾、凡此皆後先輝映、姓氏播傳、是為先民之賢而有才者也、僕遊途採録、疎漏良多、如其詳輯、

以俟後君子焉、

石川鴻齋曰、越國才学之士固多、余所聞尚有數人、然皆生於越、而不終居於越也、啟蒿中或遺之、

亀石有軒曰、

發闡

發潛闡幽、君子樂之、

流覽

四海之大，何地無勝景，然所以賞其勝景者，不在其地，而在其人，人有勝情，雖半邱片壑，一木一花，皆足助登臨之興，發詩酒之歡，以成一時風流之韻事，苟無勝情，即日對名山巨川，亦漠如焉耳，新潟之最勝者，有公園，鑿方池，架長橋，埋青石，栽名花，斜開園逕，高築樓臺，東南二面，環抱大江，園中有白山社，有偕樂館，復有酒樓數家，故勝友高朋，往々攜北海之尊，聘東山之妓、春而賞花、夏而納凉、秋而玩月、冬而觀雪、兼興流連、殆無虛月、至地之高阜者、有日和山、登臨一望、覽羽山遠堞、佐海手連、遲々烟波、恍然在目、地之臨江者、有昆沙門島、帆隨風轉、島帶雲飛、荻浦（沙）明、柳岸烟碧、又足眺焉、若夫登演戯之臺、一湊坐在古町通一永樂坐在西底島檀板一聲、氷絃三弄、室幃乍啟、舞袖旋登、或傚武士之裝、或作小孃之狀、雖下里巴歌、有傷大雅、然其間有足以弔古感今、勸善懲惡者、唯在觀者自取之耳、又若入相撲之場、力能扛鼎、渾如大腹將軍、氣足拔山、倶是壯心烈士、前覔勝、此弱紋溪可想見當年尚武之風焉、下而至於大弓場、揚弓店、固非名士所欲觀、此聖人云、不有博奕者乎、爲之賢乎已、遊乎此者、嘗自思矣、嗟乎觴詠之幽情、不逢其地、則不暢、山林之佳致、不得其人、則不傳、若茲之公園、日和山、昆沙門島、諸勝、亦幸逢二三韻士、先後留題、斯得艶称一時也、否則恐亦寂々耳、吾故曰勝地之傳、不在其地

而在其人也、

石川鴻齋曰、

斯篇殆似齊梁人、蓋先生得意之作、

余以此篇爲壓卷、

龜谷省軒曰、

韻士留題、夫子自道、

鬆亭曰使李白過之亦涎三尺

又曰余亦垂涎三尺

酒館

家々燈影處々酒香、阜女當壚、麻姑捧盞、信川和山之畔、料理棲多、古街新巷之邊、割烹家美、問塩杠金梔、多巳易名、想靜叟春翁、留徑題句、比新作酒館之所以爲盛也、爾乃美酒十千、佳珍八物、倩易牙而和味、燔炙殊奇、傭彭祖以調美、煎熬皆美、冬雪乍霽之筍、嫩剥冰芽、炸風初上之鮭、香生玉膾、味誇三变、歡協五候、徧羅成式食單、満列何曾宴席、又況棲臺崇峻、院庭幽

滌、翡翠張床綺羅鋪生、聊開棊局、儘可閑
敲、還築湯盆、何妨新浴、琴樽而外、安排花
石清奇、晏歆之餘、眺賞舍矣飛躍、佳味既
詩悅口、勝情尤足怡神、是爲其上也、花松
風亭、新勝亭、延壽亭、大川樓、島清樓、鍋茶
屋、有足取焉之數樓者、各矜新奇、這檀佳
麗、此臨高阜、彼近清流、南誇務數將軍、我
号池蒸枝尉、常饌則金錢三十、不亦廉乎、
貴客則珠履盈千、何其盛也、然地有攸分、
時則各適、登高可望、載笠而來、松篠挾寒

風作響梅香與新雪鬥妍、時而賣雪、宜在南濱通、館可招涼、灣宜銷夏、千本庭前之樹、一泓江上之流、時而納涼、宜在公園內、一天月色、萬點燈光、樽携泛白浦之舟、倚檻吹碇橋之笛、時而醉月、宜在大川前、旗飄寺北、燭照街西、閑到小樓、獨酌醉聞深巷賣花、時而聽雨、宜在古街通、此爲四時之勝景焉、其外亦多酒舍、不少屠門、或弄燒饅、或策賣酥、是皆小酌之家、徒供老饕之飽、更有樽閣北海、廚仿西歐、美炙牛心、

工臯鹿尾、傾盡葡萄之酒、蒸來杏酪之羔、肴核多是異珍、食譜又添新樣已、

石川鴻齋曰、李斗畫舫錄中、未見如此佳篇、

龜谷省軒曰、行文醲肥、如食牛炙、

褧亭曰使杜牧過之必低佪々乎不能去

妓楼

新潟田称種玉、洞号迷香、越嶺雲濃、粧成
蟬鬢、信江水膩、化出蛾眉、陌上春風處々
徧栽楊柳、池邊皓月、宵々照見鴛鴦、紅粉
三千、青年二八、此處真成風流藪、何人不
愛温柔郷也、然而同是團雲、隊分上下、須
知待月、廟判東西、南其拱様、愛新、首宜街
名問古、古所適為上等妓館跨来鶴背、揚州夢一好
風三會称鶴揚楼掉入湾頭、呉浦無双明月、二會祐湾
月楼口明月湾在間庭西為呉王玩月處而下情如投滌、滌屋那

不魂銷、一聲唱到是塩、（塩屋○塩即歌曲之名）能無腸斷、玉簫吹罷、（玉屋）紅袖歌成、（紅屋）重疊瓊樓、恍似仙人之島、（附島屋）汪洋香海、疑是姮女之泉、（玉泉屋）此其上者也、春夫桃花右口、柳枝巷邊、不識當艙、唯儀狂蝶、（艙谷巷）頻蕃入浦、多情顛嫁乘潮兒、逐度問津、相識要皆浦美子、迎接渡頭來棹、横斜枕畔墜釵紙幣羊因羅囊一度是爲次也、又看花間浩脫、柳外奔波、（脫奔巷）隔笠喚客、真簡賣花害庇渾成、夢陽臺、八百八嬬丰、老之風情太妙、一来一徃、深宵之月色如何、是則又其次也、統之等到其三、情則無二、揺銭樹自分高下、解語花各有妍媸、燕瘦環肥、而種憑情人之眼、蠻腰素口、一般誇嬌女之容、觀此繁華世界、歌舘楼臺、満街燈火、如游不夜之城、到處酒香、宜號常春之國、楼前粧鏡齊開、吐出千家月影、橋畔香車乱逐、驚疑百里雷聲、簾扇拋来、汗揮紅雨、歌衫卸了、響遏白雲、同車最好雛鬟、弄笛還聽鳳女、誰能遣此、我見猶憐、焉廼有品花詩

柳、倚翠偎紅、自詡風月主人、慣作姻花使
者、曾經遲箇、許窺兩後牖桯、費盡纏頭買
到夢中雙枕、每當暫離而揮淚、誓將薦藉
以剃眉、其或寄艷拏窠、係無燕歸雁至、即
使藏嬌別院、未免鵲有鳩居、祗同衛女懷
春、那肯、卓孃偕老、枉將浪子、認作權妻、笑
彼情郎、都是癡漢也已、

蒲生聚亭曰、

三十年前少作、不足觀、聊錄供一笑、

且以代評、

六街緣底若斯昌、港泊南舡户貯娼、綠酒紅燈娛、客夜、清歌妙舞看新粧、一杯更興題詩疾、雙枕鍾情結夢長、借問土風何所似、繁華人道比崎陽、

石川鴻齋曰、一變子虛、雜以文成之筆、先生五十、猶欲喚雀女郎合遝呼、流覽以下三篇、最為絕作、讀至此使人垂涎三尺、

新潟新繁昌記 畢

琉客譚記

琉客譚記

〔琉球〕鄭章觀 〔琉球〕蔡邦錦 口述 〔日〕赤崎楨幹 編著

據日本江户抄本影印

琉客譚記序

丙辰之冬琉球謝恩使尚恪寓於江都之邸其僚屬有嘗入清者二人曰鄭章觀蔡邦錦

公頗通唐語乃名二人親問其所歷覽勝景佳事二人所說甚詳因命臣

楨幹以國字記其語裝為一卷又命畫工作圖而附其後以為臥遊之具云章觀字有光邦錦字日章皆琉球久米村人

寬政丁巳春正月

臣赤崎楨幹謹誌

琉客譚記

一琉球の進貢船ハ両艘にして其第一の船に百二十人第二の船に七十人ほと乗組接貢船ハ一艘にして百人はかり乗組年〻其三月に纜ひらきて那覇湊より艫を起し四十八里(日本里数)を経て姑米山のほとりに纜を停めて風まち帆を揚けて洋中に出れハ波濤渺漫として数日山を見れハ風順なれハ時を七八日を経して福州の内五虎門といふ所に至れハ那覇より此所まて四百里余有り

一 五虎門より内ニ一條の川ありて 平濶さ三百間斗
の所も有り又百間餘の所も有り両岸ハ民家ありて
田疇もあり此川をのぼる事五里ばかりにして
閩安鎮といふ所ありて船を改る役人出張
しばらく船をとゞむ 川ハ通事といへる者の此
所より琉船を受渡まゐりして中を漕出事ハ官
艘撤といふ所ニ到る 水浅くして大船ハ自由
ならず 小船を以て荷物を琉館へ運び原船ハ
鴨母州といふ所ニ繫留おく 川ハ通事へ之れより
琉人を引て琉館へ入る 琉館ハ大僕境といふ

所は清朝より営築せり薩藩の琉館より楼あり
気しく巍峨清情徹なり庭をもつて上は楼と
椅をならべ床とす其下は大国なり只其廳堂を
庭を設り

一 清人の琉館をまもるものを把門官といふ文武
両人あり武官は刀を佩ふ各属官五六人有り
館の大門と二の門との間に文官舎有り昼は門
を出して遊観するをゆるさず夜は事無有り
ても出入事をゆるさず

一 進貢使来三月頃福州に来琉館へ入りて出入事

七八月斗りニて秋気乃交九月末十月初の比
正使副使以下の官員廿人ほと小京ニ趣く也
随て琉球館ニ残り候唯年貢使乃帰帆
を待に候

一 貢使小京へ趣く時ハ延平府建寧府衢州府
嚴州府杭州府嘉興府蘇州府鎮江府揚州府
淮南府山東等を経歴し建寧府より衢州府迄ハ
陸行す嚴州府より揚州府まてハ水行し山東
ハ陸行し帰程ハ山東より列縣をまて水路也
途中往来凡十ヶ月の山川極て奇絶を顕ハす事も有り

筆にて寫がたく文筆尽くしこのよりこゝろし

一鎮江府と揚州府との間に金山寺あり 玉山峭峻
奇特にして層観重複し丹碧相映して偉麗
いふへからず

一西湖乃風景更にあり 瓊樓珠閣綠翠花嵐の
間に隠見し蘭橈桂棹湖烟微波乃中に往来す
豪貴の族絡くとして伎樂を携り數千金を擲
うともいふへし 途中蘇杭の市肆極て華麗
布帛をうる店には布帛あり米粟を賣る店には
米粟あり 他の商と混雑せず

一 市街ハ甚闊し其中間もまた一條の列肆有て百貨を居けり

一 蘇州杭州ゟりも殷富ニして盤纂有り美宅庫館軒をならへ奇樹奇卉花を植て妙け境をも佛府ハさながら畫圖の中を行の如し羈旅の勞れを忘れ路程のたどたどをおもへまて

一 山東をさる蘇州ハ四五日ニ四面ニ山をみす寸平爽曠なる陸地なるへし

一 山東ハ亦ぶ路平曠ニして風景融し東上ノ帆とあふきて就中あふへし

一山東にて泰山を見れ神秀の鍾まる所にて姿態萬變いふへからす

一山東の焼酒ハ中山酒より烈しく其最烈しきものを焼刀と云ふ酒店の牌に焼刀と書す牌ハ多く旗あり又青き旗も有り

一酒店の名に聯あり又其店名を牌に記す毎宿護送官出て貢使を送添僕從五六人涼傘をとりて隨行す

一毎宿樂を奏す貢使隨行の時大小官員乙卿轎に乗り其僕從を馬に騎或ハ車に載れ

一貢使閩を出候時抱蘭人鋼羅を鳴らし炮をうたせ
貢使の供奉ハ兼備なり路費ハ諸省の官府より
出候て宿する所々公館ニてまうけ饗具亦宴あり福
州を九月十月比起程し四十日餘を經て十一月十二月
比北京ニ至る凡其路程六千里餘なり 唐山里数
一福州より北京ニ至るの間ニ高山大嶽多し其ほかにも
日本の富士山のやうなる嶺あまた絶特なるものもあり
一北京ニ至て琉球貢使ニ賜筵宴賚の禮をなされ
客亭ニ於て優待ス十日間四十日余なり大和殿といふ
所にて　清帝へ拝謁す其殿ハ広大にて其殿ハ蒼

茫としてその何やらんきこゆる形なす日本ならく
隨従し竟て　玉座とも頒

一中山王より清帝へ硫黄　一万二千　六百斤　紅銅二千斤
錫千斤を貢す

一清帝より中山王へ錦八疋　織金緞八疋　織金紗八疋
羅緞八匹　紗十二匹　緞十八匹　羅十八匹を賜ふ

一正使副使へ羅緞五匹　緞八匹　羅八疋　紬五匹　裏二匹
布二匹宛を賜ふ

一小京都通事存留通事へ緞五匹　羅五匹　紬三匹宛
を賜ふ存留通事に福州琉館へもらひ候ものを

いふ

一使者の僕従へ綃三匹布八匹つゝを賜ふ

一朝鮮琉球安南緬甸乃四外國にも席をもて清帝へ
拜謁せし

一緬甸人の貌ハ清人のごとくなれども髪を剃らず

一吏部尚書乃宅にして西洋宴を賜ふ事も有て
宴ハ初め入來の時を下馬宴といひ國に帰る時を上馬
宴といふ其讌也卓子上に香を焚き菓を賜ひ
のちに酒饌を賜ふ其盛華なる精巧なり といひ
事終し宴終りて後ハ卓子上の器皿を賜ふ

多くはこれを携へて帰国

一貢使国に帰る時ハ接貢船に乗す

一貢使清帝へ拝謁の時ハ琉服を用ゆ中山王冊
封使を迎ふる時ハ明服を用ゆむかし祖先の時
明帝の賜ふ服制をもちて国王ハ是を服する
をゆるす陪臣ハこれを服する事をゆるさす

一北京城郭の周囲四十里 唐山里数

一北京ハ寒烈しく其の内ハ雪のみ降りて雨降らす
川氷に附して車馬も往来を許

一地の震ふ事日本より少し

一 雷のおつる事も日本ニ同し

一 清帝乃姓を覺羅なり故ニ覺羅姓の人多く大官ニ昇る今の福建省の布政司も覺羅伍といふ人なり

一 清帝太子を立る皇子の内も知らせず帝乃心をもつて太子を定め其名を書し密封し座内ニ蔵む帝崩御の後大臣列座して封を開き始て太子たるを知る也

一 清帝左右の人皆満人なり帝満人ニ對せられてハ満語なり漢人ニハ對せられましてハ漢語なり官体

も取満語なり朝廷も皆漢語也王府へハ漢人
一人もミ居候へ共漢語の如し官女もミ取満人
取候

一禁城九門の内ハ満人斗り籏本満人を旗下の
人と申ス

一宰相四人の内二人ハ満人二人ハ漢人なり
満人ハ漢人の上列ニ坐り故ニ満漢大小の官
人と如く

一宰相四人の内第一大学士第二尚書第三侍郎
第四学士なり

一琉球冊封の時正使ハ滿人なり副使ハ漢人なり即
周煌ハ漢人なり今魁ハ滿人なり
一滿人文武兼備の人を挙用す漢人ハ文官武官
おの〱一芸なり
一滿人常ニハ刀を帯せす事ある時ハ刀を帯す
滿漢の官人一品ゟ皆轎ニ乗る二品以下ハ或ハ
馬あるひハ車ニ乗る
一六部の官人禁城中にても騎時ハ従僕七八人
召連る
一九門の外ハ外國人遊観も許され自由なり

一各衙門より太鼓を打時を報じこれを衙鼓と
いふ暮朝の時に報ずるを放鼓といふ

一南京より江寧府なり城郭周囲六十里 唐山里数
天下第一の繁昌にて北京の比ひにあらず

一總督乃官 中年を江寧府に有り 中はハ江寧府に
ある也

一神廟は日本の如く祀祭をなし 華表とも一の本
をとも類のもあり

一士農工商乃住む所各分かれて雜り居る事なし

一居家ハ其衒貧富によりて大小廣狭ひとしからす内

廳 書院なといふ 書房 居間をいふ 内房 女の寝間をいふ 有り 又内房の上に
多く樓有り 民家を茅屋なり中にも瓦屋根の所
福州の民家のこと皆瓦屋なり
一 民家ハ何れも瓦を用ひ 陸屋と書く 士大夫以下の
家をいふ中諸屋を用ひ 陽屋と書く 屋体をも屋を
多くは茂屋を葺くまた屋根板をもつて屋を
かくまはる有り 其上は椅子をならべ男女老若とも
其上に倚て又安坐もなす事ハあり 奴婢も
又板発子ようなく 板の上など清し 腰掛けの類ふ
より又安坐す 舗板舗屋のように使はるゝ事

形し

一蒲人ハ古聞ニ廣すと数ゝく岳仲もと橋子の其を潤ひす

一蒲人の好る卯廿の時より縮をすて其をかまく

陳ねひ情ゝみさく肥大あきつやゝみす卑緒の

ものをかねひ情ゝもいその形し

一会えし敷時飯羹肉菜ゝ那卑子りを精子よ

とりゝく吃をいうる児裏国し卑子ゑそて吃すれ時ハ

父乃精子を南面して其を結より児裏の精子

を次第ゟ其男女十二ミ年ニされハ卑子別よ

しゝく吃す

一中人以上ハ冬帽を用ひ候事

一救火隊長ハ皆皮靴を着し馬ニ騎其の兵卒乃屋上ニの新製帽の号衣上ニ屋上兵を以文字記り屋下ニ記りて屋下兵を以文字記り其の分ちうふしてしれす

一救火隊ニ竹竿柳槌大纏ノ類有之

一省一府一縣ニ必聖廟有り其の外ニも縣學校あり

一諸省諸縣の義校有之翰林院有り如何三年ニして交代す

一学校ハ那覇に明倫堂と云聖廟あり書院を
其外に有り
一福州の学校の内に鰲峰書院といふ所有之
名有り朱子の読書の所といふ
一北京の貢院ニて及第の詩文ハ那覇ニ帰より
出候
一北京聖廟囲の内に大道有り其南中に国子
監有り
一及第乃時一州にて書生を試し学を委しく
いふ文をその一篇にて秀才を試学ると答へ

以ふ出来ニて一番ニし乃挙人を殿試行ひて
挙人を進士といふ一殿試乃進士凡三千人ニ
進士ニ而も俸禄なし進士より官ニ挙られて後
俸禄あり官なき者の進士の爵をもらひて
帰る也

一官人なき者此進士の内より撰ひ補ひ申候
吏人より官ニ補ひ申候も有これを大官ニ
すゝむる事無し

一民家男子五六歳ニなれハ其父兄御先生を
請て句読を授く

一女子も五六歳ニ成まては其父母女先生を招く
女訓を授く是女乃文等阿りて教訓あれ
ものを女先生と称す
一象を安南國より出則元旦ニハ象ニ粧して乃
装束をして其背ニ大形乃香爐を負せて
七門の内午門乃前ニ陳ぬる也
一大犬の類猛なる有虎をも捕噬ル
一虎の子のを猿乃網ニ入て見せものとす
一猫も中華ニ有りて三毛縞毛少しく處ある猫を
尊ふし

一猫ハ毛長くして尾長なるあり黒白も有り斑文
なるも有り黄なる猫をも見たり

一水牛も有り福州に多く見る

一怪禽奇獣ハ多くして其名のしれぬを見たり
形をも見たり

一路傍奇花美草を見る名をしらず

一茶の佳なるものハ武夷茶竜井茶紅梅茶
等あり

一酒の美なるものハ蘇州乃福貞酒潮州乃
烏程得酒等有り

琉客談記跋

薩侯老公隆儒好文風流遊戲之餘好作漢語清濁輕重宛如清人口氣寬政八年中山王尚温謝恩使王子尚恪來中山於　薩禮如附庸故一行陪臣例皆館于　薩邸老公聞其儀衛正鄭章觀及樂師蔡邦錦皆嘗入清學于福學名至榻前親問其在清中所觀事交語皆不因舌人往復如響云既而親譯諭其儒

臣赤崎楨幹記以國字輯為此書清
國朝野禮俗粗可概見焉此田邦彥
亦奉
幕旨至　薩郎見鄭蔡二陪臣問事
皆賴舌人而通言歷數節往復而後
事始可粗知焉猶未能了了愉快如
老公之為也邦彥不才幸載華食
朝不能望
老公遊戲餘事是可恥也
丁巳孟夏

奉朝儒員柴邦彥撰